SHODENSHA
SHINSHO

アドラー心理学を深く知る29のキーワード

梶野 真著
岩井俊憲監修

祥伝社新書

はしがき

『アドラー心理学を深く知る29のキーワード』の監修者として、この本の持つ意味と、著者の梶野 真さんの人となりについて「はしがき」に書かせていただきます。

2013年12月発刊の『嫌われる勇気』(岸見一郎・古賀史健著)がベストセラーになったのを契機に、アルフレッド・アドラーの名が「自己啓発の源流」として認知度が高まりました。それにともない、「アドラー心理学」を知る人、語る人、学ぶ人が多くなり、書店では「アドラー」を名乗る本をたくさん見かけるようになりました。

30年以上アドラー心理学の普及・啓蒙に従事してきた私には、これはこれで好ましいことですが、その一方で、著作の一部につぎのような傾向があることを私は憂《うれ》えています。

(1) アドラー心理学を学んだことがない人が、アドラー心理学の関係書をあさるように読み、もっともらしく1冊の本に仕上げている。

(2) アドラー心理学をほんの少し学んだだけで、アドラー心理学のある部分だけを本に書いているだけなのに、さも全体がアドラー心理学のようにして出版している。
(3) アドラーの言葉でないものを「超訳」と断ることもなく、さもアドラー自身がいった言葉のように引用している。
(4) 著者や一部の人の見解に過ぎないものを断定調に書いて、「これぞ正当のアドラー心理学」というように表現している。

天国にいるアドラー先生は、誤解・曲解を招きやすいこの状態を喜ぶどころか迷惑に思っているに違いありません。アドラーは、その高弟であるルドルフ・ドライカースの著書『アドラー心理学の基礎』に寄せた序文で、つぎのようなことを述べています。

「ある人はこれ(アドラー心理学のこと)を理解するでしょうが、これを誤解する人のほうが数は多いでしょう。多くの支持者を得るでしょうが、さらに多くの敵もできるでしょう」

アドラーは、今日の、あるいは近未来の日本のありようを見通していたかのようです。こんな出版状況に『アドラー心理学を深く知る29のキーワード』が入るわけですが、この本は「29のキーワードをしっかり理解すれば、アドラー心理学から始まり、その後も進化を重ねている心理学の全体像が把握できる」という、内容をともなって発信されます。しかも、本場の、最新のアドラー心理学が盛りこまれているのです。さきほどの（1）から（4）に相当する本を書いている著者がこの本を読めばきっと、複雑な思いをいだくことでしょう。

この本は、第1編『「自分」とは何か』、第2編『「3つのライフタスク」とは何か』で構成されています。自分自身をよりよく理解でき、さらには、他者との関係がより円滑になり、自分が直面するさまざまな課題（ライフタスク）への対処がより適切になることでしょう。

また、この本は3つの役割を兼ねそなえています。

（1）これだけ知っておけば、アドラー心理学の他の本、あるいはアドラー自身の本を読むための基礎知識が得られるという学びのガイド。
（2）アドラー心理学をもとによりよく生きるための知恵の書。
（3）アドラー心理学のキーワードを集めた用語集。

つぎに、この本の著者の梶野真さんについてです。梶野さんは、この『アドラー心理学を深く知る29のキーワード』の執筆によって、私たちが見かけるアドラー心理学に関する本の著者の中で、創始者のアルフレッド・アドラーから現代のアドラー心理学者までの流れについてもっとも深く理解している著者としてデビューします。

彼は、日本で私の組織するヒューマン・ギルドでアドラー心理学ベーシック・コースからカウンセラー養成講座まで幅広く学び、他の機関での学びも深めながら実践に移しつつも、それに飽《あ》きたらず、アドラー心理学の本場のアメリカ・カナダの中でミネソタのアドラー心理学大学院に6年間在籍、アドラー心理学の理論と実践法をあますことなく学び、修士号を得て２０１４年に帰国しました。

彼の留学に際しては、私と梶野さんの共通の師、ジョセフ・ペルグリーノ博士（モントリオール個人心理学研究所理事長、元モントリオール・アドラー心理学大学院教授、北米に伝わるシカゴ学派、ニューヨーク学派、サンフランシスコ学派の3つともに学位を取得。ヒューマン・ギルドの招きで今までに18回来日）が、推薦状を書いてくださるなど、ミネソタのアドラー心理学大学院への留学に貢献してくれました。

梶野さんは、ペルグリーノ博士や日本国内の支援者の期待に応えて、学びだけでなく人脈の面でも、シカゴ学派だけでなくサンフランシスコ学派（「クラシカル・アドレリアン」と呼ばれています）までおよび、北米のＶＩＰアドレリアン（※アドレリアン：アドラー心理学を学び伝える人）との知遇を得ています。今後、有力な学者を日本にお招きする場面でもきっと、重要な力を発揮してくれるにちがいありません。

それだけでなく、彼自身が今後、指導面・実践面でも経験を深めることで、10年後、20年後の日本のアドラー心理学界の柱になるべき存在です。私は、梶野さんの今後におおいに期待しています。

そんな梶野さんが心を込めて書いたこの処女作が、祥伝社新書編集部の助力を得て出版されます。より多くの読者に届くことを願ってやみません。

2015年2月

有限会社 ヒューマン・ギルド
代表取締役 岩井《いわい》俊憲《としのり》

目次――アドラー心理学を深く知る29のエピソード

第2編「3つのライフタスク」とは何か 117

序章　この本を読まれる前に

自分とは何か、人間とは何か

この本は、アドラー心理学の理論について書かれたものです。かといって、知識を得るためだけの理論書ではありません。アドラー心理学は、知的欲求を満たすための学問ではないのです。本を読まれたみなさんに、実践してもらうことを想定して書きました。

アドラー心理学の基本となるのは、「自分」と「社会」――この2つの概念です。そして、自分がどのようにして社会に結びつけられていくか、その関係性を考えることがもっとも大切な点です。

ですから、著者である私自身が、どのように人生を悩み、アドラー心理学を学んでから、どう考え、どう行動してきたのかを明らかにしなくてはなりません。これがなければ、実践を第一義とするアドラー心理学は、説明できません。

この本は、多くの例文を盛りこんで、アドラー心理学の29のキーワードを見ていき、それによって理論の全体を概括する構成をとっています。その例文には、私自身のことや私が目撃したことなど、体験を多く採用しています。

私自身のパッとしない過去を述べるのには気恥ずかしさもありますが、私がもっともよく知るのは私です。あくまで「ひとりの人間のサンプル」としての役目をはたせるよう、できるだけ客観的に追っていこうと考えています。私がどういう人間かということと、ミネソタのアドラー心理学大学院で学ぶようになった経緯、そこでどんなことを学んだかなどについて、終章でまとめました。興味のある方はそちらもお読みください。

20代なかばまでの私は、人生に迷っていました。大学時代から心理学に興味を持つようになりましたが、そのとき私が行きついた課題が、「人間とは何か」でした。世の中には、幸福な人と不幸な人がいるのはどうしてだろうと、考えていました。それで、あちらこちらのカウンセリング講習に顔を出していました。こういった人は、あんがい多いものです。いわば「自分さがし」をしていました。

最初に通ったのが、地元である横浜の市民会館でおこなわれていたカウンセリング学習会でした。その学習会は、フロイトやユングとともによく知られた、アメリカの心理学者カール・ロジャーズの理論をベースにしていました。これまでクランケ（患者）とみなされていた対象をクライアント（来談者《らいだんしゃ》）と呼ぶようにしたのは、このロジャーズです。参加者を対象にした心理療法をもとにおこなっていました。

学生時代や職場では経験できなかった非日常的な空間に新鮮さを感じ、ワクワクとしながらとりくんでいた日のことを思いだします。

そのロジャーズ心理学の学習会と並行して、やはり横浜にあるボランティア・グループ（NPO法人）「Clip・あこ～ん」の学習会にも参加するようになりました。そこで、このグループが提携している組織を知ります。この本の監修をしてくださった岩井俊憲《いわいとしのり》先生が代表をつとめるヒューマン・ギルドでした。

岩井先生は、日本にアドラー心理学を広めた貢献者のひとりです。とはいえ、はじめのうちは、それがどういったものかは知りませんでした。アドラーの名前を聞いたこともありません。ただ興味本位で、その「アドラー心理学ベーシック講座」を受講することになったのです。これが、２００３年のことです。

私がミネソタから帰国したのは、２０１４年7月です。それからまもなく岩井先生の計《はか》らいによって、この本の著者に推薦していただくことになりましたが、そのときまでは、私がアドラー心理学の本を書くようになろうとは、まったく思いもしませんでした。

アドラーのこと

ここで簡単にアドラーのことをまとめておきましょう。アルフレッド・アドラーは、1870年2月7日、オーストリアの首都ウィーンのルドルフシェイムで生まれました。父レオポルト、母パウリンのあいだに生まれた7人きょうだいの2番目（6人きょうだいの2番目、もしくは8人きょうだいの3番目という説もある）でした。

その幼少時代は、けっして幸せなものではありませんでした。身長が低いうえ、身体も弱く、5歳のときには、肺炎で死の淵《ふち》を経験しています。また4歳のときには、となりで寝ていた弟ルドルフが翌朝病死していたという、凄絶《せいぜつ》な体験もしています。このときすでに、将来は医者になろうと決断し、薬や医学に興味を持ちはじめたのでした。

アドラーは、直面する課題に真正面から向きあい、身体的な限界をほかの要素で埋めあわせたりしながら、病気などの劣等感をみずから克服しました。最初はあまり芳《かんば》しくなかった学業も、目標を持って努力をすることにより、最終的にはクラスで1番の成績をおさめるようになりました。まさに、自分の力で新たな人生の道を切り開いた人物だといえるでしょう。

優秀な成績もあり、両親の薦《すす》めによって、8年制の中高一貫校に進学することになりました。そして、1888年にはウィーン大学医学部に入学します。ところが当時は、診断と実験主体のアプローチが主流で、その医学的トレーニングには満足しなかったようです。アドラーは医師になるという目標があったので、これをやり遂《と》げます。

1902年には、「精神分析の父」として知られるジクムント・フロイトからの手紙により、水曜心理学会（のちのウィーン精神分析学会）に入会することになります。1910年には会長をつとめ、ここで数々の出版物を出しますが、1911年に脱会します。

フロイトとの関係はよく誤解されるのですが、ふたりは師弟関係ではありません。アドラーはフロイトの共同研究者でした。対等の関係にありましたが、フロイトはしだいにアドラーの理論に嫌悪感を示すようになります。

脱会直後のアドラーは、1912年に自由精神分析協会（のちの個人心理学会）を設立しますが、この「自由」は、〝フロイトからの自由〟をあらわしていました。そして、このフロイトの理論との決別こそが、アドラーの理論、個人心理学（アドラー心理学）の誕生の瞬間でもありました。

この後、第1次世界大戦においては軍医をつとめ、また1922年にはウィーンで世界初の児童相談所を設立します。1926年にはアメリカに足を踏みいれ、それを皮切りに世界各地へと講演に奔走《ほんそう》しました。

アドラーの最後の10年はとても目まぐるしいものでした。1936年にはファシスト政権の影響でドイツ、オーストリアにある32の児童相談所が閉められました。ヨーロッパにいるアドラーの仲間たちも行き場を失い、アドラーの家族は、長女バレンティン（死去）を除いてアメリカに移住することになりました。もっとも最晩年のアメリカでの活躍がなければ、彼の名も大きく残ることはなかったでしょう。

1937年、アドラーの死は突然やってきます。スコットランドのアバディーンで、講演前の散歩中に心臓発作で倒れ、波乱の生涯を閉じました。

なぜ、現代日本人にアドラー心理学が必要なのか

この数年、この日本でもアドラー心理学のことを耳にする機会が増えてきました。とはいっても、研究者もまだ少ないため、その解釈が個々に都合よくなされている現状も否定

できません。初心者でも理解できる本格的な概説書が待たれていましたが、この本がその役目をはたす1冊になることを期待しています。

人間は、つねに進化の過程にいます。私たちも、そのひとりひとりが変化を余儀《よぎ》なくされます。現代日本人にアドラー心理学が必要になった理由は必然的なものであると、私は考えています。

ひとつには、世界観の大きな変化が背景にあるでしょう。これは何も日本だけに当てはまるわけではなく、フロイトやユング、ロジャーズの名前がよく知られる一方で、アドラーやアドラー心理学はまったくといってもいいほど無名なものでした。ですが、アドラーの生徒や後継者たちは口をそろえて、「アドラーは時代の先を歩む人物である」といってきました。

アドラーの時代において、世界は物質主義的、機械主義的、専制主義的な価値観を持っていました。しかし、アドラーの考えはこれとは異なり、人間主義的、実存主義的、民主主義的なものでした。彼の生存中には、世界的にも時代がその考えを受けいれることはありませんでした。

ところが、1950年代からいわゆる人間主義や実存主義の流れが入ってきます。つまり、アブラハム・マズローやヴィクトール・フランクル、アルバート・エリスなどに、さきほどのロジャーズといった人間主義者、実存主義者たちの登場です。

この流れが現在にいたり、日本では、ロジャーズの来談者中心療法が主流のカウンセリング、認知行動療法や論理療法、またポスト・モダンといわれるナラティブ・セラピーやソリューション・フォーカス・セラピーなどがおこなわれるようになりました。これらは、アドラー心理学の各理論の一部をとりだし発展させたものともいえます。

2つ目の理由として、日本個別の事情があります。終戦後の貧しいところから、先輩方の努力によって、発展途上国から先進国へ、そして世界でも5本の指に入る経済大国へと成長しました。ところがバブル経済が崩壊すると、以前のような経済成長はなくなります。

ほかの国にくらべれば日本はまだ裕福です。アメリカには、世界を代表する大富豪がいる一方で、その日の食べるものに困っている人たちが多くいます。ミネソタの大学院においても、貧困層向けに食料の寄付をつのっていたほどでした。

しかし、裕福な日本においても、バブル期のような贅沢《ぜいたく》はもうできません。高額の消費で得られていた人生の意味や価値は失われ、蔓延《まんえん》していた物質主義や機械主義は、いまや一部の経済人や政治家が声高に叫んでいるだけです。多くの日本人は、もっと大切なものがあるのではないかと、それぞれ模索を始めている段階が訪れたのではないでしょうか。この新しい人生の探求に、アドラー心理学の理念が合致したものと考えています。

アドラーは、物質主義の先にある人間主義、人とのつながりや協力によって、人間が人間であるために何が必要であるかを説いています。自分らしく生きるということは、人間らしく生きることでもあるのです。

また日本人は、集団主義を重んじ、周囲の目をとにかく気にする人種だといわれています。これは、周囲と私が同じでなければならない、さもなければ除《の》け者にされてしまうという強迫観念が根強くあるということでしょう。アドラー心理学は、その問題についても解決法を示してくれます。

第1編

「自分」とは何か

1. 所属　Belonging
「私なんか、いないほうがいいんじゃないか」

中学生のときの私は、サッカー部でした。しかし、お世辞にもサッカーがうまかったわけではなく、ただ走るのが速いということだけで、サッカーのことを好きだったわけでもありませんでした。まわりの友人たちが入部したからという理由で、ただ何となくいっしょに入ったにすぎません。それでも3年間休むことなく続けました。

レギュラーにはなれず、ほとんど補欠でした。練習で監督の指示どおりのことができず、小言をいわれる毎日です。たまに試合に出してもらうと、ミスを連発し、チームに迷惑をかけては、自己嫌悪におちいっていました。

いまも鮮明に覚えているシーンがあります。久しぶりに試合に出た私のポジションはフォワード。このとき、私のミスでゴールの決定機を逃《のが》します。肩をがっくりと落とし、センターに戻っていくとき、ふと、「私なんか、いないほうがいいんじゃないか」という言葉が頭をよぎったのです。

するとその後のパフォーマンスは、目に見えて落ちていきました。試合後はとにかく落ちこんで自分を責め、後悔をしてはまた落ちこんでの繰りかえしでした。このつらい記憶は、その後もしばらく尾を引いていました。

成人してアメリカに渡り、ミネソタのアドラー心理学大学院に通うようになっても、その感覚は繰りかえされます。臨床アセスメントのクラスでは、グループでおこなうプレゼンテーションが課題となっていました。私自身、その知識が不足しているのを十分に自覚しており、グループのほかのメンバーの知識と経験の豊かさに圧倒されていました。

もちろん、このクラスは学習の場ですから、いま思えば、ひたすら学びの姿勢に徹すればよかったのです。しかし、グループの足を引っぱっているんじゃないかという意識からプレッシャーが生まれ、「私がいないほうがうまくいくだろう」と考えてばかりいました。もはや臨床アセスメントのクラスそれじたいにも私の居場所はないのではないかと感じられたほどです。

「自分には居場所がある」——そういった「所属」の意識は、アドラー心理学において、たいへん重視されている概念です。私の場合、中学のサッカー部や大学院での臨床アセスメントのクラスやグループに居場所がないと感じていたわけです。つまり、こういった集団に対する所属の感覚が極度に薄れていたと考えられます。

アドラーは、「共同体こそ、人類存続のためにもっとも欠かせないもの」といいます。私たち人間は、社会の一員です。社会がなければ、ひとりでは生きていけません。この社会が、大きな共同体です。

共同体とは、社会やグループ、集団を意味しており、たとえば、私たちが生まれると、まず出会う共同体が家族です。そして人生の中で、家族以外の親族、学校や職場、趣味のサークル、地域のコミュニティなどというように、数多くの共同体に出会うでしょう。こういった共同体の中で所属の感覚を持つことこそ、何より大切だというのです。

ここで誤解をしてはいけない点があります。アドラー心理学の所属は、ただ共同体に在籍しているという外観をあらわすものではありません。「自分がそこに所属している」と感じる心理状態をあらわしているということです。「いやいや属していた」「形だけ入っていた」という場合は、それを所属とはいいません。

精神分析の創設者フロイトは、「人間は動物的な生きもの」という見解を持っており、「生存への欲求が人間の根本的な動機」と主張してきました。

これに対して、アドラーの第一の生徒であり、北米にアドラー心理学を広めた最大の貢献者のルドルフ・ドライカースは、「人間は共同体に受けいれられるために努力しており、所属の欲求こそが人間の基本的な動機となっている」と説明しています。人間には、生存欲求も必要ですが、それ以上に「所属欲求」が必要だというわけです。この考え方は、アドラー心理学の根幹をなしています。

そして、自分がそこに所属していると感じる心理状態を維持するため、もしくは回復するために必要となるのが、「勇気づけ」です。

２０１０年６月に北米アドラー心理学会のコンファレンスがミネソタでおこなわれました。このコンファレンスは毎年、アメリカ各州やカナダで開かれていますが、この年は、私の通う大学院がホストとなりました。会場となるホテルやワークショップ、そしてその後の大学院ツアーのための準備をほかの学生や卒業生たちと共同でおこないました。

そのコンファレンスの席上で、その年の９月10日に亡くなったウォルツ・ベトナー先生にお会いすることができました。彼の奥さんが北米で活躍しているベティー・ルーで、彼女はアドラー心理学をベースにした育児教育にとても熱心なことで著名な人物です。そのベティーを陰で支えてきたベトナー先生が私に直接こう話してくれました。

「マコト、私たち人間は、勇気をくじかれやすい生きものなんだよ。だから、いつも勇気づけが必要だし、勇気づけをしていかないといけないよ」

一般のアメリカ人から見れば、ベトナー先生は〝ベティー・ルーの旦那さん〟ですが、私から見れば、偉大な存在でした。彼から直接、教示を受けられたわけです。そのときの感激はいまも忘れられません。

この「勇気くじき」Discouragement の心理状態、それに対する「勇気づけ」の実践は、アドラー心理学において、もっとも重要なコンセプトです。「自分なんか、いないほうがいいんじゃないか」「きっと自分がいないほうがうまくいくのに」と感じられたとき、所属の感覚が薄れ、勇気がくじかれた状態にあります。

2．共同体感覚 Social Interest or Community Feeling

「幸せって何？」

「所属」の感覚——つまり、共同体に所属しているという感覚が、人間にとって必要です。この感覚は、具体的にどのようなものなのでしょうか。

大学生のころでした。通学の電車の中で親子の会話が聞こえてきました。

男の子「ママ、幸せって何？」

母親「え？　とつぜん何をいうの……？」

私自身、こういった言葉に敏感になっていたからかもしれません。小さな子供の声で「幸せ」という言葉が耳に飛びこんできて、たいへん動揺したのを覚えています。

幸せ——あまりにも抽象的な言葉です。ひとことでは、とてもその意味をあらわせません。人によっても、それぞれの幸せの形があるはずです。しかし日常的には、頻繁《ひんぱん》に使っている言葉でもあります。問いかけられたお母さんも返答に困っている様子でした。私も同じ質問をされたら、答えられなかったと思います。日ごろ口にしている言葉でも、じつはその本質はよく見えていないのです。

誰でも、地位や名声、お金があれば幸せにちがいないと、一度は考えるでしょう。私も当時は、それに近い考え方を持っていました。ところが世の中には、地位や名声、お金があっても、不幸だといって嘆《なげ》いている人はたくさんいます。年を重ねると、そのことがかえって人を苦しめる理由にもなることを知ります。

はたして中学時代の私が、サッカー部でレギュラーを早々に確定して、試合でどんどんゴールを決めていたら、幸せだったのでしょうか。そうとはいいきれません。その一方で、補欠ばかりで、たまに出た試合でミスを連発しても、幸せでいることはできるのです。アドラー心理学の大切な部分を知るにつれ、「幸せとはそういうものだ」ということを、おぼろげながら理解できるようになりました。

結論からいえば、アドラー心理学における「共同体感覚」といわれる感覚を個人が持てるようになること——これが人生の目標のひとつであり、幸せなのではないかと考えています。共同体感覚は、つぎの「3つの感覚」を同時に持つことです。

1、この世において、私には意味があり、そして貢献できる存在である——「貢献感・有意義感」

2、この世において、私は安全性を感じ、自分に対しても他者に対しても安全で信頼できる——「信頼感・安全感」

3、この世において、私には居場所がある。私には価値があるといえる場所がある——「所属感」

最後の「所属感」は、前の項で説明したものと同じです。これをふくむ3つの感覚を同時に持った状態を「共同体感覚」といいます。この共同体感覚は、どれかひとつが欠けても、成立しません。

たとえば、ほかの2つがあっても、「貢献感・有意義感」（1）が不足している場合は、

「私はこの世の王様である」と考えたり、「いじめっ子」の心理状態におかれたりするようになります。いじめっ子の心理とは「私は身体的に大きく、より意味のある人間だ」という自己評価にとらわれることです。こうやって、社会的に「無益な側面」Useless side of life で自分の重要性を見いだそうとするでしょう。

また、「信頼感・安全感」(2) が不足している場合は、他者を押しのけてでも自分の安全性を確保しようとしがちです。

さらに、「貢献感・有意義感」(1) と「所属感」(3) が同時に不足していればギャングメンバーの一員になるかもしれませんし、「信頼感・安全感」(2) と「所属感」(3) が同時に不足していれば依存的な人になるかもしれません。

いわゆる破壊的な行動、もしくは、人生の無益な側面での行動をすることになった人、これをアドラー心理学では「勇気をくじかれた人」とみなします。共同体感覚は、心の健康のバロメーターです。この共同体感覚が満たされ、「有益な側面」Useful side of life を見て行動しているときは、幸せと感じ、心が健康な状態にあるのです。

しかし、まず物質的なもの——地位や名誉、お金などが満たされてさえいれば、「貢献感・有意義感」や「信頼感・安全感」も得られやすいのではないか、そういう見方もあると思います。地位や名誉、お金などが、人間の心を豊かにし、そういった感覚に導いてくれるという見方です。

もっともアドラー心理学でいう共同体感覚は、それほど単純なものではありません。アドラーも[*1]「共同体感覚は、感覚以上のものである」と言及しています。

もしかすると、共同体感覚という言葉から受ける印象が、わかりにくくさせているのかもしれないので、言葉のなりたちから考えてみましょう。共同体感覚は、ドイツ語 Gemeinschaftsgefühl の直訳です。これが英訳では、Community Feeling となります。

アドラーは、アメリカに渡った初期のころ、この Community Feeling を用いていました。ところが、彼の最後の論文では、Social Interest という言葉が用いられていました。大学院時代に、ドイツ語を話せる友人がいたので聞いてみたのですが、この Gemeinschaftsgefühl を Social Interest と訳すと意味が変わってくるということでした。アドラーは、晩年になって考え方を進化させていたのです。いまのアメリカのアドラー心理学の場では、Social Interest のほうを用いています。

このSocial Interestを直訳すれば、「社会的関心」ということになります。Community Feelingはあくまでも「感覚」であって、個人が感じられるかどうかに主眼があります。しかし、一方のSocial Interestは、共同体感覚を発揮するという点、「実践」のほうに重きがおかれています。

つまり、「相互尊敬・相互信頼」を実現して、協力的な関係を築《きず》くところまでをふくんでいます。たとえばアドラー心理学では、自分の共同体感覚だけでなく、他者のそれを成長させるために、進んで勇気づけをしていくことが求められています。また、脳科学のリサーチにおいても、他者のために何かをすることは心の健康に関連があるとしています。

「感覚以上のもの」というのは、そういう意味をあらわしています。

アドラーは、自分の関心以上に他者の関心に関心を持ったうえで、[*2]「相手の目で見て、相手の耳で聞き、そして相手の心で感じる」という表現をしています。

またルドルフ・ドライカースは、[*3]「共同体感覚とは、主観的に他者と何かしら共通点を持ち、仲間の一員であるという認識を持つこと」と表現しています。

このような態度のもとでは、一体感や共感などが同時に発生しています。自分の共同体感覚が満たされていると、他者の共同体感覚も同時に満たされていくというわけです。その土台は少なからず、すべての人が持っているものです。それを認識し、育てる努力が必要となってきます。

3. 全体論　Holism
「ウラの顔があるんでしょ？」

友人と居酒屋で飲んでいたときのことでした。「血液型は？」と聞かれたので、何のためらいもなく「AB型だよ」と答えます。もっとも私が自分の血液型を知ったのは30歳を過ぎてからでしたし、輸血のときくらいしか意味を持たないものだと考えていました。すると友人からは、「やっぱり二重人格なの？」といわれたのです。

日本では「AB型＝二重人格」というイメージが一般的です。もちろん、友人も半分冗談でいっていたのですが、その後も、私がAB型と知った人たちからは、例外なく「キミって、二重人格？」という言葉を返されました。自分の血液型を知るまではそんなことを考えもしませんでしたし、いわれもしませんでした。それが、血液型がAB型だとわかった瞬間に、私は〝二重人格〟だということになりました。

楽しい会話のスパイスということならよいでしょう。しかし、なかにはAB型と聞いただけで怪訝《けげん》な顔をする人もいます。AB型の人はなるべく採用しないという会社もあるそうですね。「二面性があるということは、ウラの顔があるんでしょう？　ああ、おそろしい人だ」というわけです。こうなると、もう立派な社会病理といえるのではないでしょうか。

当然ながら、「AB型＝二重人格」説には何の根拠もありません。さらにアドラー心理学では、「二重人格」という考え方じたいが否定されています。つまり「AB型＝二重人格」説は、〝二重〟の意味で誤解をふくんでいるのです。

アドラー心理学には、「個人心理学」Individual Psychology という正式な名称があります。アドラーが１９１４年に出版した本のタイトルも、この『個人心理学』でした。

私は、英語で文章を書くときにかぎって、Individual Psychology を採用しています。しかし、この言葉の日本語である個人心理学は、誤解をまねきやすいものとなります。実際は個人と社会とのつながりを説《と》いているのに、個人心理という字面《じづら》によって、あたかも個人の心理状態に限定して追究していく学問ではないかとカン違いされてしまうのです。

ですから、私たち関係者は「アドラー心理学」Adlerian Psychology を用いています。

Individual という英語は、そもそもラテン語の *Individuum* に由来しています。この言葉にはIndivisible、つまり「分割できない」という意味があります。ですから、個人心理学という言葉の中にも、本来は「個人は分割できない」という意味がふくまれています。この考え方をあらわした理論が「全体論」です。「全体論あっての個人心理学」です。

人間というのは、たとえば精神、身体、感情的な要素や機能の単純な集合体ではなく、全体ではじめて「統合された人間」として認識されるべき存在です。全体は、それを構成する個々の要素や機能のみで説明することはできません。人間は「分割できない生きもの」だということです。全体論とは、「全体は、部分の総和以上」とみなす考え方です。

全体という用語は、ギリシャ語の*holos*に由来しています。南アフリカの政治家、軍人であり、哲学者であるジャン・スマッツが１９２６年に出版した、『全体と進化』という本の中で紹介されている概念です。一般に、アドラーはこれをドイツ語におきかえて用いたといわれていますが、彼の*Individualpsychologie*（Individual Psychology）の概念は、それ以前からすでにありました。

全体論は、フロイトの理論とは一線を画するものです。たとえばアドラーは、フロイトが提唱したような、ひとりの人間の〝人格〟を「イド（欲求）—エゴ（自我）—スーパーエゴ（超自我）」と分類する前提には否定的でした。なぜなら、ひとりの人間は心も身体も「分割できない」のであり、その〝人格〟も「社会的な生きもの」としての個々の行動のあらわれにすぎないからです。社会的環境、とくに対人関係において、その人の考え方や認識は大きく変わります。

ですから、「キミって、二重人格？」という表現は正確ではありません。しいてたとえれば、〝多重人格〟とでもいうべきでしょう。日常の私たちは、相手によって行動や態度、言葉づかいをさまざまに変えています。家族かそれ以外の人か、同僚かお客様か、上司か部下か、年配の人か子供か――によって、私たちは〝無意識のうちに〟自分の行動や態度、言葉づかいの選択を細かくおこなっています。「オモテとウラ」というような、単純な区別でおさまるものではありません。

それにしても、この「ウラ」というものは、いったい何でしょうか。もしかするとこれが、その人の本音なのかもしれません。そしてその本音は、たいていの場合において、たいへんネガティブなものです。「あの人ってウラがあるよね。だって、あまりにも人あたりがよすぎるでしょ？　本当の姿は、あんがい強欲で非情な人なんじゃない？」といった、ひとつの見方が「ウラの人格」として表現されているように思われます。

さらにいえば、このときの「本音」という言葉のイメージもまた、たいていはネガティブなものであり、同意できないときの否定的な評価や批判をふくんでいるのではないでしょうか。本音とは、ふだんはなかなか口に出せないものであり、本音を語ることが人間関係の崩壊につながりかねないと認識されているからです。

日本の文化には、本音と建前《たてまえ》というものがあります。日本人は集団主義であり、集団の調和を大切にする人種であるので、それはとても重要な概念だといわれています。ですが、一般的なアメリカ人からは、独特な文化のひとつとして受けとめられかねません。

大学院の異文化カウンセリングのクラスで、日本の本音と建前の文化について紹介したことがありました。私はこのとき、「日本人と接するときには、表面的な言葉の意味だけで理解をしてはいけない」と説明しました。「それはいいですね」といっておきながら、よくなかったり、「それはどうでしょうか。考えておきます」といっておきながら、承諾していたりするからです。

日本人は、とくに非言語の、非直接的なコミュニケーションを好みます。つまり、高文脈文化（High Context）にもとづいたコミュニケーションをします。それとは異なる「言語、直接的、低文脈文化」のコミュニケーションスタイルを持つアメリカ人からすれば、とても理解に苦しむわけです。

このように、日本人が考えている「オモテとウラ」は、人格から来るものではありませんし、もちろん二重人格のあらわれでもありません。

また、先ほど〝無意識のうちに〟といいましたが、この「無意識」Unconsciousnessという言葉も、なかなかの〝くせもの〟です。私たちはよく「無意識でやってしまった」といいますが、このとき本当に〝無意識〟だったのでしょうか。そして、意識と無意識とはどのように区別されるのでしょうか。

意識と無意識は一般的に、対立や矛盾、もしくは相反《そうはん》する2つのものであると考えられています。「無意識」という概念はフロイトにより提唱されました。「無意識とは、抑圧されたもの」という、彼の見解はよく知られています。また、「無意識とは心のうちに隠されたもの」としていますが、アドラー心理学では意識と無意識の対立を認めていません。

この2つは同じ方向に向かっているものであり、個人の目標に沿って、そのときどきで採用されているにすぎません。

実際には、知覚、気づきの問題となります。意識は、その気づきのレベルの高低です。つまり、意識とは「高いレベルの気づき」であり、無意識とは「低いレベルの気づき」ということで、あくまでもレベルの問題でしかありません。高いレベルの気づきであれば、「いまそれに意識が強く向いている」ということでしょう。

そしてアドラー心理学では、無意識という概念をつぎの2つの理由から否定しています。

1. 意識ではコントロールできないものとみなす無意識という概念じたいが、人間の行動の責任を緩和させてしまう。
2. 人間を部分ごとに分け、ある部分がほかの部分をコントロールしているという考え方が前提となってしまい、それは全体論に反する。

アドラー心理学の実践者（アドレリアン）は、人を理解するときにも「意識的か、無意識的か」のはっきりとした線引きをしません。あくまでこの2つの行動の目標や目的を見ることに重点をおきます。部分が全体の行動を決定しているのではなく、全体が部分の行動を決定しているのです。

これを先ほどの二重人格の議論におきかえますと、私全体が「二重人格という行動」を決定しているだけだという結論になります。本音をいっている自分、建前をいっている自分、威張《いば》っている自分、謙虚な自分、緊張している自分、平常心の自分、意識的な自分、無意識的な自分——そういったもののすべてが「本当の自分」なのです。

すると、「私全体という人間は、いったいどういう人間なのか」を理解することがいちばん必要になってきます。ずいぶんと難題のように思えますが、ひとつのヒントとして、アドラー心理学の重要な格言をあげておきましょう。

*4「運動のみを信用せよ」

ここでいう「運動」は、行動のことです。その人（私）が起こした行動は、言語におきかえられる世界のみで終わるものではなく、まぎれもない客観的事実として存在しているということです。行動こそが、その人の本質や意図を正確にあらわしています。言葉と行動の不一致があれば、その行動は無意識的なものであり、本来の意図を示しています。

　アドラーは、つぎのようにも説明しています。

[*5]「全体の関連性を得るまでは、何が意識で何が無意識なのかを決定することは不可能であり、この関連性は、原型、つまりライフスタイルによって明らかになるであろう」

　ちょっと難しく感じられるかもしれませんが、これについては、「創造力」と「ライフスタイル」の項で話していきたいと思います。

4. 現象学　Phenomenology（Fictional Finalism）
「みんなもそういってるから」

人間は「主観的」な生きものです。ここでいう「現象学」とは、事実に対する主観的な印象であり、主観的な見解であって、私たちはそうやって「意味づけ・解釈」した世界に生きているにすぎないということです。

ここに、ひとつのできごとがあり、100人が同じように遭遇したとしましょう。たとえば、交差点で自動車どうしの衝突事故を目撃したとします。はたして100人は同じようにそのできごとを〝経験〟するのでしょうか。ある人は「かわいそうに！」と当事者に同情し、ある人は「なんておろかなことを」と冷めた目で見ているでしょう。また、「なんでこんな見通しのよい交差点で事故が起こったのか」「どちらにより責任があるのか」「ケガがなければいいが」「私も注意しなくては」「保険にはちゃんと入っているだろうか」などと考える人もいます。

同じできごとを見ていても、おそらく100人がそれぞれの印象を持ち、それぞれの見解を持つにちがいありません。

この本を読んで、はじめてアドラー心理学について考える人も同様です。おそらく、人によって、それぞれが異なった印象、異なった見解を持つはずです。それぞれの印象と見解が、あなたにとっての主観的現実です。このことについてアドラー心理学は、外界に対する主観的な意味づけ・解釈をし、世の中を理解しているものと考えます。

つまり人間というものは、それぞれがユニークな存在であり、その人らしいユニークなライフスタイルによって、自分と世界のあいだに個人的で創造的な関係性を見いだしています。そして、現象学的な印象や見解によって認識しているのです。

ある日私が自宅でくつろいでいると、携帯電話に1本のメールが入ってきました。「いまから電話で話せる?」——ある友人からでした。「了解!」と返信すると、まもなく電話がかかってきました。友人は私がカウンセリングを学習していることを知っていたので、ときどきこういったやりとりをしていました。

その友人は、職場の同僚と仕事上のある案件において意見がぶつかり、そのまま口論となってしまいました。そのとき同僚に自分のアイデアに対する批判をされ、「誰だってそういうに（そのアイデアに対して批判をするに）決まってる！」といわれて、大きなショックを受けたというのです。

友人は、同僚の批判に対してカッとなってしまい、激しい罵声《ばせい》を浴びせてしまったそうです。そして、「ねぇ、これって私のほうが間違ってる？」と私に同意を求めながら、すぐさま「私のほうが正しいって、みんなもそういってるから」と、続けました。

話をまとめると、どうやら最初の論点からは脱線してしまっているようです。すこし整理しなくてはなりません。同僚が友人のアイデアに向けた批判——これには怒りたくなる気持ちが理解できないわけでありません。そう伝えたうえで、相手に罵声を浴びせたことが正しかったのかどうか——これは、よくなかったのではないかと率直に答えました。

しかし、これだけではまだ解決していません。私の頭の中では、彼らのやりとりにあった「誰だって」「決まってる」「みんなも」という言葉の選択に強い違和感を覚えていました。そこで、「ねえ、〝みんなも〟っていっていたけど、誰のこと？」と聞きました。すると、友人は具体的に〝ふたり〟の名前をあげたので、つぎのように答えたのです。

「同僚が、〝誰だってそういうに決まっている〟といったのは、たしかにその人の勝手な考え方だよね。〝誰だって〟というのは、いったい誰のことだろう？　そのほかの人がどう思っているかなんて、わからないのだから。ところで、キミがいっていた〝みんな〟というのも、その（たった）ふたり……なんだよね」

するると、友人はハッと何かに気づいたらしく、ほがらかに笑う声が電話越しに聞こえてきました。こうして私が〝3人目〟にされることはなかったのです。後日、友人からメールがあり、「批判されたことに対してはまったく気にならなくなった。同じように批判された場合にも、どう冷静にふるまい、対処すべきかを考えるようになった」とありました。

私の大学院時代に、こんなできごとがありました。その日のミネソタは晩から降りつづいた雪がやみませんでした。翌朝、窓から外を見ると、あたり一面が銀世界です。ちょうどその日は土曜日だったので、そのまま静かにアパートの部屋で過ごすことにしました。

そのとき突然、電気が落ちたのです。

おやっと思いながら、廊下に出てみると、非常用の電灯だけがもの寂しげに光っています。ようやく事態を把握します。停電でした。冷蔵庫の電源や暖房は切れ、インターネットもできない状態となってしまったのです。

すでに午後3時。この休日には、月曜日に締めきりの課題をやらなければなりません。リサーチが不十分だったので、インターネットの接続は生命線です。しかたなくノートパソコンをつかって書けるところだけ進めることにしたのですが、まもなくバッテリー切れのサインが点灯しはじめました。

土曜日であること、さらにちょうど学期をまたぐ週だったこともあり、大学院は休みです。いぜんとして大雪はやまず、外出も困難な状態になったので、「明日になれば復旧するだろう」と、今日はあきらめ、早々とベッドにもぐりこみました。この時期、ミネソタは午後5時過ぎには暗くなるのです。しかし、そんな時間から眠りにつけるわけでもなく、ただベッドに横たわって朝が来るのをジッと待ったのを覚えています。

はたして日曜日、結局午前中までに復旧せず、アパートのマネージャーにも連絡できません。ノートパソコンと携帯電話のバッテリーもついに切れたので、もよりのスターバックスへと出かけました。そこで、充電とインターネットの接続をして、さっそく課題にとりかかりました。3時間が過ぎ、いったん確認のためアパートに戻るも、まだ電気はつながっていません。そのとき偶然、車でテレビを見ていた同じ建物の住人がいたので、復旧のめどをたずねてみますと、今夜、もしくは明日の午前中ではないかということでした。

「ああ、閉店ギリギリまでスターバックスで課題をやって、またあの暗くて寒い部屋に戻るのか」――そう考えたとき、思わずハァと大きなため息がでました。いっそホストファミリーのスキャンロンさん宅へお邪魔して、〝一泊食事つき〟をお願いしようとも考えたのですが、それでは、あまりにも安直すぎます。自分の学問のためにアメリカにまでやってきた覚悟というものが見いだせません。私は腹をくくりました。

「こんな経験は望んでも、なかなかできないぞ。ならばいっそのこと、このひどい状況を楽しもうじゃないか！」

そう考えると、何だかサバイバーの気分になって、ワクワクしてきたのでした。

このときの私も「意味づけ・解釈」という作業をしています。できごとや状況、それじたいが意味を持っているのではありません。私たちの「知覚」を通して、主体的に意味が〝つくりあげられる〟のです。

つまり、事実に対する意味は自分が決めています。事実に対する解釈のしかた、意味づけの方向性は、人それぞれです。結果として、それが正しいかどうかではなく、それぞれの意味づけの方向性、解釈のしかたによって行動するのが、人間というものでしょう。そして、いざ不測の事態が起こったとき、それぞれの異なった意味づけの方向性、ユニークな解釈のしかたが、必要になってきます。これは、その人の「信念」というべきものです。

以上の流れを図式であらわすと、つぎのようになります。

できごと・状況――知覚――意味づけ・解釈――信念

5. 創造力 Creative Power
「こんな性格に誰がした？」

アドラーは、つぎのようにいいます。

[*6]「どの個人もみな、それぞれの性格と、その性格の形成の双方を表現しているといえる。たとえるならば、個人は絵画でもあり、自分という絵画を描く画家でもある。個人は自分の性格を描くアーティストなのである」

自分をつくりあげるのは自分しかありません。自分の行動のすべてを自分で決めることができます。もっといえば、自分しか決めることができません。私がアドラー心理学と出会って、もっとも感銘を受けたのが、この「創造力」という概念でした。創造力というと、すばらしいアイデアがひとりでに浮かぶ能力かと思われがちですが、それとは別物です。

小学生のころの私は本当によく泣いていました。いじめにあっていたわけでもないのに、ちょっと学校の友だちにからかわれるだけで、すぐ泣いてしまっていたのです。家に帰ってそのことを親に話すと、「男なんだから、そんな簡単に泣くもんじゃない！」と怒られました。自分の不幸が受けいれてもらえないと、「こんな性格になったのは、お父さん、お母さんのせいだ」と反発し、さらに泣きわめいていたのです。

アドラー心理学では、いわゆる一般的な性格のことを「ライフスタイル」Life Style, Style of Life といいます。このライフスタイルの形成において、3つの要因が考慮に入ります。それは、遺伝的要素、環境的要素、そして創造力です。

カウンセリングをしていますと、よく「性格は子供に遺伝するのですか」という質問を受けます。遺伝的要素と環境的要素については、あくまでライフスタイルの形成に「影響を与えるもの」であって、それじたい「決定要因ではない」と、お答えしています。つまり私たちは、それぞれに与えられた遺伝的要素や環境的要素といった限界と可能性の中で、創造力を用いて自分自身のライフスタイルを決定しています。

この創造力は、人間に「自己決定性」と「自己責任性」を与えてくれます。

そこには、選択と決定の自由意志があります。つまり人間は、遺伝的要素や環境的要素によって機械的に動かされているのではなく、それらの制限を受けながらも、自由な決断をくだし、自分をコントロールできる存在だということです。人間にとって、3つの要因の中でただひとつ、自分の意志で自由に決められるのが、この創造力なのです。

さらに、すべての人には「自分の決定に責任をともなう」という能力があるものと、私たちは信じています。

このことはまた、「自由意志論」、または「やわらかい決定論」Soft Determinism という言葉でも説明されています。アドラーから強い影響を受けた、実存主義のヴィクトール・フランクルは、つぎのように語っています。

「刺激と反応のあいだには、少しのすき間がある。そのすき間において、人間は自分の反応を選択できるという力を持っている。そして、その反応の中には、私たちの成長と自由が眠っているのだ」[*7]

親へ責任を転嫁《てんか》していた小学生の私は、社会人になっても、その呪縛《じゅばく》から抜けだせていませんでした。大人になってからの事業者金融の営業でも、思うように成績が伸びなかったときや、会社の事業や営業の方針になじめず、納得のいかないことが起こったときにも、「自分がうまくいかないのは、社会のせいだ」と嘆いていたのです。ですが、その限られた環境の中でも、自分をコントロールでき、自由な決断ができていれば、創造力を発揮して、何らかの工夫や改善ができたはずでした。

社会心理学には、「根本的な帰属の誤り」Fundamental Attribution Errorという概念があります。これは、「人間の行為は、その人の内的要因、つまり気質や性格的なものである」というように、つい偏《かたよ》った見方をしてしまう誤りを示しています。

たとえば、仕事でミスをした同僚がいたとします。こういうケースでは、周囲の人は「いい人だけど、大ざっぱな性格だからなぁ」とか、「いいかげんな人だから、いつかはこうなると思っていたよ」とか、あたかもミスの原因が、その同僚の性格だけにあるかのような結論をしてしまいがちです。このとき、人間関係や状況などの外的要因は、ほとんど無視されてしまっているのです。

また、「行為者‐観察者バイアス（歪《ゆが》み）」Actor-Observer Biasという理論では、「行為者となった場合、自分自身の行為の原因は外的要因に帰属させるが、観察者となった場合には、その同じ行為の原因を行為者の内的要因に帰属させる傾向がある」と説明されています。つまり、「当事者の立場か、外野の立場か」によって、同じ行為に対しても見方が正反対になるということです。

これは、理論化されるまでもなく、誰しも心あたりがある話ではありませんか。ですから、自分自身がミスをした場合には、「パートナーがちゃんとやらなかったから」「運がなかったから」「状況が悪かったから」などと、外的要因を最初に考えてしまうわけです。

もうひとつ、似たものに「自己奉仕バイアス（歪み）」Self-Serving Biasという理論もあります。これは、自分自身が何かで成功したり、うまくいったりしたときは、その内的な要因、つまり自分の能力や努力のおかげだといい、失敗したときは、外的な要因、つまり誰かほかの人や状況のせいと考えてしまう傾向です。

このような心理的なバイアス（歪み）は、成功の成果をひとりじめし、失敗の反省はしないという、私たちの悪い一面を正当化しています。

「人間のライフスタイルは6歳ごろまでに形成されるであろう」――アドラーはそういっています（現在のアドラー心理学では10歳）。形成期の子供は、試行錯誤《しこうさくご》しながらさまざまな行動を起こし、家族や学校などの環境のもと、自分の居場所、つまり「所属」を確立しようとします。そして、その行動の結果や相手との関係などから学び、つちかわれていく「創造力」を駆使して、自分や他者、そして世界観においての「信念」を形成していくのです。

しかし、形成期の子供には言語力が不足していますし、知識も十分にありません。そういった中で、彼らはいったいどうやって、それらの信念を獲得していくのでしょうか。

アドラー心理学には、「子供はすぐれた観察者ではあるが、未熟な解釈者である」という見方があります。ですから彼らは、あるできごとに対する経験や見解を感覚で理解していると考えられています。その経験や見解を表現するための言語レベルと適切な認知力が、十分に発達していないというだけなのです。

たとえば、「ボクが泣けば、いつでもお母さんが来てくれる。だから、何か嫌なことがあれば、すぐに泣いてお母さんに気づかせなきゃいけない。それでボクは安心できるんだ」などと言語的に認知しながら、泣きわめいているような子供はいないでしょう。ですが、こういった言語的な気づきと理解がなくても、この子供はそのように行動するのです。

つまり、経験というものは言語化された形で信念として獲得されるわけではなく、感覚という形で経験されるうちに信念がつくりあげられ、やがてライフスタイルを形成していくという反対の流れになります。

また、いったんこの信念が確立し、ライフスタイルの一部になると、できごとに対して選択的な注意を向けるようになります。この選択をもたらす〝色メガネ〟の役目をはたすのが「統覚・認知バイアス」Biased Apperceptionです。

そして、統覚・認知バイアスにより「私的論理」Private Logicの形成のプロセスが起こります。

その後は、あるできごとに遭遇したときにも、受けいれたいことには注意を向け、無視したいことには注意を向けなくなります。つまり、個人のライフスタイルに沿うように、経験やできごとは選択的に受けいれられ、「意味づけ・解釈」されるということです。さらに、そのプロセスはライフスタイルを強化する助けとなり、ある特定のできごとには、〝無意識的に〟そのライフスタイルにしたがって行動するようになるわけです。

この無意識も、一般的な理解とは異なります。アドラー心理学が考える無意識について、２つの視点から補足をしておきましょう。

ひとつ目は、さきほどの統覚・認知バイアスにより認識の選択がなされ、私的論理が形成されるプロセスで起こるものです。私たちは、自分のライフスタイルにしたがって、選択的にできごとをとりあげ、それに意味づけ・解釈をします。この流れが強化されると、なかば自動的ともいえる形で、いわば無意識的に行動するようになります。

もうひとつは、「暗黙的理解」です。これは、経験やできごと、状況といったものも「言語化されていない」かぎりは、それに「異論をとなえることができない」ということです。

アドラー心理学のカウンセリングの現場では、ライフスタイル診断というものがおこなわれます。その目的は、個人の「信念体系」（自己概念、世界像、自己理想）を言語化し、その誤りを見つけて修正していくことにあります。

しかし、この信念体系というものも、ライフスタイル形成期にはきちんと言語化されていません。そして、いつまでも言語化を実現できないまま成長し、成人している場合があるわけです。言語化されていなければ、その誤りに異論をとなえるどころか、それを認知することもできません。その状態が無意識のもとにあるというのが、暗黙的理解です。

これらは、フロイトがいったような〝抑圧された無意識〟ではないことをあらためて強調しておきたいと思います。

6．目標　Goal
「何をすればいいのか、わからない」

大卒後に就職した会社をやめた直後の私は、自分のことがわからずにいました。「今後の人生をどう生きていくか」――人生の意味や目的が定まらず思い悩んでいたのです。20代後半という、もっとも体力があり、意気盛んな時期にあって、とくに何もせず、ただ毎日を生きていたのでした。

親や学校の先生からは、「目標を持って生きろ」とか、「目標を見つけなさい」とか、よくいわれたものです。自己啓発本にもそういったことが書かれています。しかし、その肝心の「目標の見つけ方や持ち方」を教わったことはありませんでした。「何をすればいいのか、わからない」――しばらくはそういう状態におかれていたのです。

アドラー心理学における「目標」は、一般的に考えられているような〝目標〟とは異なります。いい大学やいい会社に入りたい、いい結婚をしたいというものではありません。

目標はあくまで主観的な概念です。自分が自分に向けて、人生の方向や意味、人生のパターンを与えるものです。それがなければ、考えることも、感じることも、行動することも、そして何かを望むことも、達成することもできません。つまり、目標のない人はいないのです。ただし、多くの人はそれを認識できていないだけです。

これは、性的衝動や欲求だけが人間を突き動かすという、フロイトの動物的かつ原因論的な発想と対峙《たいじ》する考え方です。

個人の目標には、短期的なものと長期的なものの2種類が想定されます。

このうち短期的な目標は、70~71ページの表にある「人と打ち解けやすい」「人からの期待が気になる」「リーダーシップを発揮する」「リスクを避ける」といった、その人の特徴としてあらわされます。これには、ポジティブな特徴だけでなく、どちらかといえばネガティブな特徴もふくまれています。意識するしないにかかわらず、人はこういった自分らしい自分であることを目指しているのです。

この短期的な目標は、第2編でふれる「3つのライフタスク」の中から、当面の課題を見つけて向きあう方法として具体化されます。とくに、「勇気をくじかれた子供の誤った目標」は、短期的目標のわかりやすい例といえます。

もうひとつの長期的な目標は、「ライフスタイル」によるものです。一貫性があって、永年にわたるものであり、それは自己理想の実現であるともいえます。わかりやすくいえば、「自分という人間はこうであるべきだ（こうでなければならない）」という目標です。

この長期的な目標には4つのタイプがあります。くわしくは、つぎのライフスタイルの項を参照していただきたいのですが、たとえば「喜ばせ型」の人は、「私はつねに誰かを喜ばせなくてはならない」という目標を持って行動しています。いいかえれば、「私は誰かを喜ばせているときのみ、所属しているという感覚を得られる」ということです。

もうひとつ、長期的な目標について、アドラーはつぎのような問題を示しています。

[*8]「私たちは、人間の持つ隠された人生の目標に大きな違いを見てきた。その人生の目標とは、その個人でさえも知らない心理的表現であって、けっして目立つわけでもなく、心が揺《ゆ》り動かされるわけでもない。そして人間は、その目標が何であるかを知ったときにはじめて、人格というものを理解することができる。なぜなら、それが人生の課題による枠組

みと関連していることに気づくからである」

長期的な目標は、それを設定している本人でさえも知らない場合があるというのです。その人が知らないうちに持っている目標は、やはり人それぞれというべきでしょう。カウンセリングの現場にあっても、まずこれが何であるかを明らかにすることが、大きな意味を帯びてきます。自分が見つからず、人生の意味や目的がわからないとき、このライフスタイルの解明が有効です。

自分のライフスタイルを知ることは、「共同体感覚」のところであげた3つの感覚――「貢献感・有意義感」「信頼感・安全感」「所属感」を得るためのヒントにもなるでしょう。またその一方で、「克服」すべき「劣等感」を認識するのにも、たいへん役に立ちます。

7．ライフスタイル（最優先目標） Lifestyle, Style of Life（Number One Priority）

「いつ見てもニコニコしてるよね」

高校時代の私は、クラスメートの女子から、「梶野くんって、いつ見てもニコニコしてるよね」といわれたことがありました。そして友人からも「最近、何かいいことでもあった？」と、よく聞かれたものです。

もっとも、いまになって、これがかならずしもホメ言葉というわけではなかったと思うようになりました。いつも笑顔をふりまいていますが、人から何かをいわれたときに断《ことわ》ることができません。また、相手から拒否されることも極度に恐れていましたから、積極的にこちらから相談や提案をすることはありませんでした。どこか人の顔色をうかがいながら生きているような感じです。みなさんのまわりに、このような人はいませんか。

しかしここでは、ホメられているのか、それともからかわれているのかの違いは、さして重要なことではありません。どちらにしても、それが自分なのです。こういった人間のタイプ、性格に当たるものを、アドラー心理学では「ライフスタイル」といっています。

アドラーによるもっとも大きな発見のひとつが、このライフスタイルであるといわれています。「創造力」の項でもふれたように、6歳ごろまでに確立されます（現代のアドラー心理学では10歳）。

それは、その人らしい一貫性のある行動、思考や感情をともなっており、のちに出会う経験やできごとは、このライフスタイルにしたがって選択的に受けいれられていきます。また、ライフスタイルに沿《そ》った運動や選択がおこなわれることで、それじたいがより強固なものになっていくのです。

アドラーは、彼自身の生徒たちに指導する便宜《べんぎ》のために、ライフスタイルを4つのタイプに分類しました。それが「支配型」「欲張り型」「回避型」「社会有益型」の4タイプです。さらに1972年には、イスラエルのアドレリアン、ニラ・ケファーが、「最優先目標」The Number One Priorityという考え方にもとづいて、新たに「安楽型」「喜ばせ型」「コントロール（支配）型」「優越型」という4つのタイプを提唱しています。

大切なことは、これらのタイプやカテゴリーは、多様であるはずの個人をひとつの枠の中に押しこめたり、レッテル張りをおこなったりするためにつくられたものではないという点です。あくまで個人が持つ目標へのルートをさぐるための目安とお考えください。簡単にいえば、対人関係における目標追求のためのツールです。

本書では、W・L・ピューの著書“THE NUMBER ONE PRIORITY”（最優先目標）を参考にしながら、ケファーによる4つのタイプを見ていきましょう。ちなみに、この著者の夫が、私の大学院時代に個人カウンセリング（個人ダイダクティック Individual Didactic）のプログラムを担当してくださったミム（ミリアム）・ピュー先生です。

アドラー心理学では、人間は社会的な生きものであり、「所属」という感覚は人生において重要なテーマのひとつであると考えています。そこで、その所属の感覚を得るために「もっとも重要で大切にしていることは何か」、それとは反対に「もっとも避けなければならないことは何か」――これが「最優先目標」の土台となるものです。

1．安楽型　Comfort――楽観的でのんびり、人当たりがよく平和を好む。思慮深く、もの静かで柔軟性もある。このタイプは、ストレスを受けることを嫌うため、責任のある立場や期待を受ける状況を避ける傾向がある。

2．喜ばせ型 Pleasing――いわゆる喜ばせ屋さん。包容力があり友好的、受容的で共感的な印象を持つ。このタイプは、他者からの期待に応《こた》えようとすることで、なかなか「ノー」といえず、他者から拒絶される（嫌われる）状況を避ける傾向がある。

3．コントロール（支配）型 Control――責任感があり、いざというとき頼りになり、人望が厚い。実用的、生産的なものの見方をし、仕事や時間も正確なので、リーダーシップを発揮する人が多い。このタイプは、恥や屈辱を受けることを嫌う傾向がある。

4．優越型 Superiority――高い能力や知識があり、努力家で、ガマン強く、理想を追い求める。過度な責任を課せられる立場や、ストレスや疲労を感じる状況にも積極的にとりくむことができる。このタイプは、つねに「意味があるか」「意味のある存在か」を念頭においているため、人間関係上の優越関係をつくりやすい傾向があり、親密な関係を持ちにくい。

いずれのタイプの説明にも、以下のように「もっとも避けるべき」要素が明記されているのが、ユニークなところでしょう。

「安楽型」——ストレス
「喜ばせ型」——拒絶
「コントロール（支配）型」——恥や屈辱
「優越型」——無意味さ

70－71ページにあげた表は、ヒューマン・ギルドが主催したアドラー心理学のカウンセラー養成講座で配布した資料です。4つのタイプに当てはまる要素をまとめたものですが、より便宜的に、ポジティブな要素と、場合によってはネガティブに評価されることのある要素に分類しています。

４つの型の短期的目標について、ポジティブな要素と、場合によってはネガティブに評価されることのある要素とに分類できる。

コントロール（支配）型	優越型	
・リーダーシップを発揮する ・几帳面で責任感がある ・信頼できる ・自発的で実行力がある ・生産的で、実用的 ・時間厳守 ・機転がきく ・規則や慣習を守る ・正義感が強い ・勤勉で、意欲的	・能力や知識がある ・理想主義 ・意味を求める ・活動的で、持続的 ・社会をよりよくしようとする意欲を持つ ・意味ある存在でいたい ・モラルが強い	ポジティブな要素
・リスクを避ける ・何が何でも勝つ ・威張る ・要求を通すために力わざを使う ・強圧的な方法で臨む ・抑圧――自分自身をコントロールする ・「誰も私をコントロールできない」と考える ・完璧主義 ・規則や順序に敏感	・優越的な関係性をつくる ・過干渉 ・過度の責任感 ・意味ある存在を実現するために、縦の関係に入る ・疲弊してしまうほどに持続的 ・他者を評価する人間として見ている ・時間のムダが許せない	場合によってはネガティブに評価されることのある要素

ジョン・リードンが制作したものに梶野真が手を加えた

最優先目標ワークシート

	安楽型	喜ばせ型
ポジティブな要素	・快適な空間をつくる ・楽観的 ・平和主義 ・争いを避ける ・外交的 ・おだやか ・共感的 ・思慮深い ・柔軟性 ・もの静か	・人と打ち解けやすい ・察しがよく、思慮深い ・ボランティア精神がある ・平和主義 ・共感的で争いを避ける ・まわりの人の期待に応えようとする ・非攻撃的 ・柔軟で、寛容 ・無私無欲
場合によってはネガティブに評価されることのある要素	・生産性よりも快適さを重視する ・摩擦や葛藤を避ける ・緊張やストレス、摩擦によってイライラする ・スムーズさ、癒し ・努力よりも満足感を重視する ・何よりも快楽を求める ・いわゆる世話を受ける人 ・責任や期待を負いたくない	・自分自身が何を望んでいるのかがわからない ・人からの期待が気になる ・リスクを避ける ・見返りや注目がないと、腹を立てる ・何かを得るために人に与える ・押しつけがましい ・否定的応答 ・自尊心が低い

さらにW．L．ピューの著書には、興味深い記述があります。実際のカウンセリング業務において、それぞれのタイプと接して、どういった印象を持ちやすいかが明かされているのです。これを参照しながら、クライアントと対面し、会話の中でカウンセラーがタイプの分析をするというわけです。

「安楽型」の場合、カウンセラーはイライラを感じ、忍耐強さを求められることだろう。このタイプは、平和を好み楽観的なので、対立や摩擦《まさつ》を拒《こば》む。少しのんびりしている傾向があるので、つまらなさや物足りなさを感じるかもしれない。また、「この人と話をしているとイライラする」と感じたら、その人は安楽型かもしれない。

「喜ばせ型」の場合、カウンセラーは受容と悲哀を感じるかもしれない。このタイプは、低い自尊心と自己否定感を持っている場合があるので、悲観的な応答があるのと同時に、他者の期待に十分に応えようとする態度が見られる。そのぶん、フレンドリーで接しやすく、健気《けなげ》に映るかもしれない。「いつもニコニコしており、とても話しやすい」

と感じたら、その人は喜ばせ型だろう。

「コントロール（支配）型」の場合、カウンセラーに緊張感を与え、難題に挑《いど》まれているかのように感じるかもしれない。そして、時には腹立たしさを感じるかもしれない。このタイプは、恥や屈辱を回避するために自制をきかせ、計画的に、そして几帳面《きちょうめん》に動く。また、融通《ゆうずう》がきかず、高潔で正しさの意識も高いので、カウンセラーには骨の折れる相手と映ることだろう。「あの人って何か嫌味な人だ」「何か腹立つんだよね」と感じたら、その人はコントロール（支配）型かもしれない。

「優越型」の場合、端的にいえば、カウンセラーは、劣等感や無力感、そして罪悪感すら覚えるかもしれない。とにかく能力があり行動力があるので、このタイプの人と接した人は、「私は劣っているのでは」と感じてしまうかもしれない。このタイプは、他者を評価する者としてとらえ、対人関係において優劣の関係性を築いていくだろう。そのため、「どれだけ私は意味ある人間なのか」という話になりがちだ。会話中でも、「それって何の意味があるの？」といわれたり、「意味のないことはやってもムダ」といわれたりするかもしれない。

この最優先目標の4タイプは、それぞれが所属の感覚を得るために「どういった要素を最優先しているか」をまとめたものです。本来は誰もが大なり小なりすべての要素をそなえており、とくにどれが優先されているかということをあらわしたにすぎません。ひとりの人が複数のタイプに該当する場合も多く、言葉のうえの解釈にとらわれすぎないようにすることが大切です。

ですから、カウンセラーにとっても、あつかいに注意を要します。それは、カウンセリングの初期の段階においてクライアントを理解するための材料であり、また、クライアントの気づきや発見をうながす役目をはたします。しかし、好ましくない目標と判断したときにも、カウンセリングの途中で、この最優先目標をむりやり矯正《きょうせい》することは、適切な方法とはいえません。

そして、たとえ同じタイプに属していたとしても、人によって何を最優先しているかは完全に同じではありません。4つのタイプはあくまで判断材料のひとつとして考えてください。最優先目標をヒントにして、良好な人間関係を築いていきましょう。

さて、大学院の授業で、最優先目標をめぐって、それぞれのタイプに分かれて議論をしたことがありました。ちなみに、私の最優先目標は「喜ばせ型」です。そのクラスでは、このタイプは「優越型」とともに該当者が多かったのを覚えています。

喜ばせ型に見られる「自尊心が低い」「人の期待に応えようとするために、ノーといえない」という要素、またそれ以上に、「自分が何を望んでいるのかがわからない」という要素が、あまりにも自己評価と合致したので、おおいに納得したのです。

たとえば、私のようなタイプは、みなで食事に行くときも、「何が食べたい？」と聞かれて「何でもいい」「キミが決めていいよ」と答えてしまいます。私としては、好き嫌いもないので、相手に決めてもらってもかまわないという譲歩《じょうほ》の意味で答えているのですが、人によっては、「どうでもいい」という意味で受けとめられてしまうことがあります。また、優柔不断な人だという評価にもなるのです。これがデートだったら、「はっきりしてよ」ということでしょう。

ですから、喜ばせ型ばかりが集まれば、たいへんです。何を食べに行くかが、なかなか決まりません。その中に、コントロール（支配）型や優越型の人がいると助かります。決めるのが得意だからです。

大学院の授業では、実際にそういった経験談を持ちよりながら自己分析をし、各タイプに分かれて話しあいます。この方法は、自分とは何かを知り、自分を見つめ深めていくための最良の機会となりました。ですから、ヒューマン・ギルドのカウンセラー養成講座でも、この最優先目標を紹介し、受講生にそれぞれのタイプに分かれて話しあってもらいました。私の期待どおり、たいへん有意義な講座になりました。

また、現在の代表的なアドレリアンのひとりであるハロルド・モサックは、ライフスタイルが、「自己概念」「世界像」「自己理想」という形で表現できるとしました。アドラー心理学のカウンセリングでも、この考え方にもとづいて診断されています。

まず自己概念では、自分のことを主観的にどうとらえているかを表現します。具体的には、「私は、……である」という文章をつくっていきます。例をあげると、「私は、男らしい（女らしい）」「私は、背が低い（高い）」「私は、頭がいいほうだ（あまり頭がよくない）」

「私は、人気者である（孤独である）」というようなものです。

つぎの世界像では、この世の中、世界について自分がどのようにとらえているかを表現します。具体的には、「世界は、（人生は、人々は、）……である」という文章をつくっていきます。例をあげると、「世界は、危険な場所である（安全な場所である）」「人生は、私に苦労をもたらす（私に喜びを与えてくれる）」「人々は、信頼できない（信頼を寄せるに足るものである）」というようなものです。

最後の自己理想は、その言葉どおり自己の理想の状態を表現します。具体的には、「私は、……であるべきである」という文章をつくっていきます。例をあげれば、「私は、いつも1番でなければならない。2番なら、100番もいっしょだ」「私は、絶対に失敗してはならない」というものから、「人が私に援助してくれるのは当然のことで、そうしない人は罰せられるべきだ」といったものもあります。

8. 躊躇《ちゅうちょ》する態度　Hesitating Attitude
「もう少し待ってください」

みなさんは、本がどのように編集されているか、ごぞんじですか。ベテランの著者でしたら、編集者から「こんな内容で書いてほしい」と依頼されて、すらすら書けるのでしょう。しかし私は、本書が処女作です。専門的な論文や報告書のようなものはいくつも書いてきましたが、一般書に何が求められているかなど、右も左もわからない状態でした。

しかし、岩井俊憲先生に出版社の人を紹介してもらえると聞いたとき、私の心は期待感でいっぱいでした。一般のみなさんに伝えたいことはたくさんありました。そのまたとない機会です。3人のはじめてのミーティングで、岩井先生から「Hさん（担当編集者）なら、きっと梶野くんのいいところを引きだしてくれるでしょう。とてもおもしろい本になるような期待ができます」というようなことをいわれて、ようやくプレッシャーを感じはじめます。私の考え方や表現が世間に通用するかどうかが、この本の出版によって明らかにされてしまうわけです。とくに「喜ばせ型」の私にとっては、世間の評価はとても気になるのです。

こうして執筆が始まります。その前段階として、テーマと構成を決めてから、それぞれの項目について担当編集者とディスカッションをしながら、問題点や視点を見つけだしていくことになりました。時間をかけて、執筆の方針が固まっていきました。

担当編集者は、出版に関しては私よりもずっと経験豊富ですから、彼と話をしていくうちに、「この人に自分自身をゆだねていれば、何とかなるのでは」という気持ちが起こったのも事実です。その一方で担当編集者は、「これだけ話せば、もう書けるでしょう」という思いになっていたにちがいありません。

具体的に「○月○日までに、○の項目を書いてください」と期限を告《つ》げられると、家に帰って、さっそくノートパソコンに向かいます。ところが、遅々《ちち》として進みません。そうもこうもしているうちに、つぎのミーティングの当日になってしまいました。私はほとんど手ぶらで臨みます。

どんな罵声を浴びせられるのかと内心びくびくしていると、担当編集者は、「最初の一歩は、みなさん進まないんですよ。いったん書きはじめると、すいすい進みますから」と、なぐさめのような、叱咤激励《しつたげきれい》のような言葉をかけてくれました。

つぎのミーティングです。やはり原稿はほとんどできていません。「今日は、おわびから申しあげなくてはなりません」——開口《かいこう》一番、私がそう告げると、担当編集者は笑いながら、「まぁ、まぁ」といいました。「つぎは、もう少し時間を空けましょう。執筆に入る前に、いろいろ調べものがあるでしょうし。今度は書けるんじゃないですか」

ホッとした私は、「ええ、もちろんです。ちょっと体調を崩していたこともあって遅れてしまいましたが、○日までは、大きな仕事はワークショップだけですし、あと翻訳の仕事の締切がありますけど、なんとかやれます」と、決意をあらわしました。

そして、つぎのミーティングの日の朝、やはり執筆は進んでいませんでした。私は会う前に少しばかりの原稿や構想メモを送り、「残りは、もう少し待ってください」と、担当編集者あてにメールで送っていました。その後、彼から電話があったのですが、行きちがいになり、私はミーティングの席上についていました。ひと息つくと、担当編集者がこう切りだしました。

「今日、お会いする必要があったのでしょうか。ご自宅からここまでの往復の時間で、1ページでも書き進めていただきたいと、そう思って電話をしました。小学生が夏休みの宿題をやるときに、30ページのドリルを最初は1日1ページずつ30日間かけてやろうと計画を立てます。もう15日が過ぎました。1日2ページやれば終わると考えます。さて、もう残り5日しかありません。それでも1日6ページやればいいと考えます。ついに明日が始業式です。今日のうちに30ページやらなくてはいけません――はたして物理的に可能ですか？　いまのままでは、本は出ませんよ！　いや、私もそういうタイプだから、よくわかるのです」

いま私がおこなっているカウンセリングやコーチングにおいても、クライアントが面談中に決めた課題をなかなかやってこないケースが多くあります。「はい、やります。やってきます」と、軽く対応していたにもかかわらずです。そんなとき私は頭の中で、「何のための課題なんだろう。私のためではないのに。クライアントが自分のためにやるものなのに」と、考えるわけです。それと同じことが、立場をかえて起こっていました。

そうです、著者はこの私なのです。それなのになぜ、こんなことになってしまったのでしょう。

このときの私には、「書く」という行為に対するつらさがありました。書くことは嫌いではありません。むしろ大好きです。同じ期間に、ほかの執筆の仕事は完成していました。それに、今回の本を書きたくないわけでもありません。ぜひとも出版したいという気持ちが、日に日に高まっていました。ですから、「引き受けなければよかった」と、後悔したことはありません。それなのに、何かと言いわけをつくっては書かない自分がいます。

「材料がそろっていない」「正確さが足りない」「一般に供されるのだから、完璧《かんぺき》なものにしなくては」「ちゃんと書かないと、原稿ができても出版を断られるのではないか」「まだ何とかなる」——書かない言いわけを見つけていると、今度はそこでもがいている自分自身を客観的に見るのがつらくなります。

こうして書くことじたいから、自分自身を遠ざけるようになってしまうのです。しだいに集中力が失われていきます。重要であるが困難な仕事は放りだし、重要度の低い簡単な仕事に没頭しはじめます。すると、できないことを前提にして、「どうやって謝罪しようか、失敗をとりつくろおうか」ということを考えるようになります。

アドラーは、「安全に、また確実に成功する確信がなければ、積極的に行動を起こさないほうを選ぶ人」の存在に気づいていました。

これが「躊躇《ちゅうちょ》する態度」です。人生で直面する課題が大きければ大きいほど、それから距離をとり、真正面からとりくむことを避けようとする態度です。この躊躇する態度には、ゼロ、もしくはほとんどゼロの状態を維持しようとするという心理プロセスもあります。

モサックは、この躊躇する態度について、「一歩前進、一歩後退」という運動とみなし、いわゆる「死点にとどまる」ことだと説明しています。

私の場合も、まさしくこの死点にとどまっている状態が続いていたのです。いくらか書いたところで、少しずつでも前進しているという感覚が持てません。全体の5分の1書いても、あと残りは5分の4だと前向きに受けとめられないのです。むしろ、「まだ5分の

4あるのか。もしかすると、これまで書いた5分の1も使えないかもしれない」と不安にかられていました。

また私は、人から何かを頼まれたときにも、「いちおう、やってはみますが……」という表現を多く使っていることに気づきました。それが完全に実現・成功するかどうかの確信が得られないかぎり、留保《りゅうほ》をしているということでしょう。ですからこの言葉の裏には、「うまくいくかは確証できないので、あまり期待しないでください」という意味が隠されているのだと思います。

これはとても便利な言葉であって、引き受けたように見せながら、「あなたも失敗したときのことを想定しておいてください」と、相手に責任を転嫁しているわけです。

執筆に向かえない私には、「共同体感覚」が不足していました。書くことのつらさと向きあい、それを克服する「勇気」が不足していました。これは、「自尊心」Self-Esteemの低下のあらわれともいえるでしょう。

アドラーはつぎのようにいっています。

[*9]「社会生活において、明確で具体的な成功をさまたげるものは、いったい何なのか。もし、そのように私たちが自問したならば、それは現状を維持すること、変化しないことだというだろう。これこそが〝躊躇する態度〟である」

一般的に「葛藤《かっとう》」と呼ばれる心理状態があります。個人の心の中にAとBとがあって、どちらかを選べずに停滞している状態です。しかし実際の葛藤は、その個人の内側にあるのではありません。その個人と、いま直面する問題とのあいだにあるのが、葛藤です。いいかえれば、たんに自分が解決を拒んでいるだけともいえます。

人が「心の中で葛藤しています」というときには、「私はAかBかの選択をしたくありません。本当のことをいえば、AもBも手に入れたいのです（AもBもいりません）」という、実際の意味をふくんでいるのではないかと考えています。

9. そうですね…とはいっても　Yes—But
「頭ではわかっているんだけどね……」

大学院に入学して半年たった私は、学生会に入ることにしました。学生会は、大学院側と学生側の〝かけ橋〟のような役割をしています。月1度のミーティングを通して、学生たちがより充実した大学院生活を送れるよう、学生会長を中心にイベントの企画や改革の案を練《ね》ります。ワークショップや図書館の質の向上などを実現していました。

学生会長は一定の任務期間を終えて、定期的に交代します。その選出の時期がやってきました。学生会長の経験は多くのものを与えてくれるはずです。しかし、たいへんな仕事なので、進んで手をあげる人もいませんでした。

あるメンバーが、「マコトがやったらどうか。彼なら外国人ならではの見方も期待できるだろう」と提案しました。ところが私は、「たしかに自分にとって貴重な経験になると思う。そう頭ではわかっているんだけどね……でも、ボクにはとてもやれない」と、拒否してしまいます。

実は以前に学生会長をつとめたことのある友人から、その役目がいかにたいへんかを聞かされていたのです。とはいっても、何だか不甲斐《ふがい》ない決断でした。いま思えば、なぜ「やらせてくれ」といえなかったのか不思議でなりません。

モサックは、「私たち人間はすべて、神経症者である」という大胆な発言をしています。「神経症者」とは、ちょっとただごとではないように思われます。モサックは、それをイメージするために、ジョークとしてつぎのような表現をしています。

「[*10]精神障碍《がい》者は、2＋2＝5だといい張る。神経症者は、2＋2＝4だとわかってはいるが、そのことが気に食わない」

「[*11]神経症者は、頭の中が〝should（こうあるべき）〟であふれ返っている人のことをいう」

モサックの表現を読んで、みなさんはどんな解釈を持ちましたか。

神経症者についていては、アドラーもその特徴を簡潔に示しています。「そうですね…とはいっても」Yes―But がそれです。

最初に「そうですね」Yes といったところで「共同体感覚」の認識があります。共同体感覚の存在じたいを否定することはしません。しかし、この認識を「とはいっても」But で受けることによって、「私的論理」の殻《から》に閉じこもり、結果として自分の共同体感覚の発達を拒んでしまっているのです。

ここでいう「そうですね」Yes は〝イエスマン〟の意味（何でもかんでも安うけあいすること）ではありません。共同体感覚を認識できている状態の表明です。ですから、自分自身の時間の余裕や能力などを考慮に入れたうえで「断る」という決断は排除されていません。

ですから、共同体感覚が十分にそなわっている人には、「私がやります」Yes か、「私にはできません」No の選択しかありません。But で受ける必要がないということです。「認識していながら、実践を拒む」――この思考と行動が対立した状態を、アドラーは神経症的であるといっているのです。

つまり、学生会長に推薦されたときの私の中では、「それが重要な役割なのはよく理解している。メンバーが私を必要としているし、ぜひ私も協力したい」という認識（Yes）と、「とてもたいへんだと聞いているし、私にはそんな時間の余裕も能力もない。それより、それほど重要ならば、なぜほかの人がやろうとしないのか」という拒否（But）が対立し、結局は拒否を選択してしまったわけです。「2＋2＝4だとわかってはいるが、そのことが気に食わない」ということにもなるでしょう。

すると、このときの私はまだ、共同体感覚を持つことに積極的ではなかったといわざるをえません。頭の中でわかっていても、実践がともなわなければ、アドラー心理学の理論だけをいくら学んだところで、まさしく絵にかいた餅《もち》だといえます。

10. 克服 Overcoming
「私の人生って、いったい何？」

人間であれば誰しもそうですが、生きているかぎり、困難に直面し、挫折《ざせつ》を経験するでしょう。私のこれまでの人生でいちばん大きな挫折は、事業者金融での仕事でした。最初の段階で、職種の印象や情報からも厳しい現場であることは承知していました。そのうえで、「何とかやっていけるだろう」とタカをくくっていました。しかし結局、その会社を去ることになりました。

何かつらいできごとや挫折を経験したとき、「共同体感覚」が不足した状態におちいります。自分の人生と向きあう「勇気」も減少し、もがき苦しむようになります。こんなとき決まって、「私の人生って、いったい何？」「生きるって何だろう？」と考えます。

アドラーは、「人生とは克服の連続である」「人間はつねに成長のプロセスにいる」と明言しています。人生には、アドラーが「ライフタスク」と名づけた、仕事、交友、愛（家族）に関する3つの課題が横たわっています。自分があって、仕事、交友、家族があってこその人生です。私ひとりでは生きていけません。つまり、「私の人生」を生きるということは、仕事、交友、家族がもたらす課題を「克服」しながら生きるということです。

アドラーは、このときの状態をつぎのように説明しています。

「[*12]精神的な平静は、たえまなく脅《おびや》かされているといえるだろう。完全性をめざして努力する過程において、人間の心理は、つねに動揺している状態におちいっており、その完全性という目標を前にし、つねに無力を感じている。人間は、その上昇過程において、自分自身で満足のいくような、ある段階に達したと感じるときにかぎり、休息や自分の価値、そして幸福の感覚を得ることができる。しかしながら、つぎの瞬間には、その目標がはるか遠くにあることに気づかされる。つまり、人間であるということは、つねに劣等感を持っていることを意味し、日々たえまなく、その克服に向けて前進をしているのだともいえよう」

ひとつの課題を克服したら、またつぎの課題があらわれます。そして人間は、「完全性」Perfectionという究極の「目標」に向かって生きていきます。その過程で、たえまなくあらわれる課題を継続的に克服し、成長を続けていかなくてはなりません。

では、その克服すべき対象とは何か――アドラーは、それが、仕事、交友、家族とのかかわりの中で生みだされる「劣等感」であると指摘します。

私たちは日々の生活の中でも、つねに不足を感じ、不満を訴え、ないものねだりをしています。これらは自分自身の劣等感に由来するものであり、マイナスという感覚を生んでいるわけですが、その一方で、つねにこのマイナスの感覚を克服したいと願っているわけです。そして、その克服が実現したときには、新たな価値の付加という形でプラスの感覚を獲得することができます。

たとえば、お母さんのお腹《なか》の中から生まれてきたばかりの赤ちゃんを想像してみてください。赤ちゃんの目には、この世の中はどう見えているでしょうか。視界に入る大人や子供はみな身体が大きく、自分自身の力で行動しています。

ところが赤ちゃんは、ひとりでは何もできません。大人たちの援助がたえず必要です。

そのうち自分自身の足で立てるようになりますが、それでも歩行はまだ困難でしょう。ですが、自分自身の足で立つことによって、「立つ」という課題に対して彼が持っていた劣等感――いわゆるマイナスの感覚を克服することができます。これに「自分自身で立つ」という価値が付加され、プラスの感覚を獲得できます。そして、つぎに克服すべき「歩く」や「話す」へと挑んでいくわけです。

人間がそのほかの動物と違うのは、この身体的な成長が格段に遅いということでしょう。そのほかの動物は比較的短期間で、自分自身の力で地面に立ち（水中を泳ぎ）、エサをとるなど、多くのことをできるようになります。では、そのほかの動物が自覚せず、人間だけが自覚できうるものは何かといえば、それが克服の連続の先にある「完全性の追求」Striving for Perfection なのです。

アドラーは、この完全性というものは、個人の「自己理想」が社会にとって「有益な側面」で運動している状態だといいます。また、つぎのような表現もしています。

「完全性へ到達するための最良の方法を知っている人間は誰もいない。人類は、その発達[13]

の最終的な目標を、さまざまな形で創造しながら試行してきた。人類の理想的な進化のベストな概念は、いまのところ神であるといえよう」

アドラーは、人間の完全性を象徴化した存在のひとつが神であるといいます。神は、けっして最初から絶対的なものとして存在し、私たちの上に君臨しているのではありません。人類が完全性を求め、克服を重ねていった先につくられた究極の概念が神です。アドラーは、あらゆる可能性や潜在性にも言及しているのです。

さて、一般に私たちが学んできた心理学において「克服」という概念を考えるとき、「トラウマの克服」を浮かべる人が多いのではないでしょうか。アドラー心理学ブームが広がる中で、一部のメディアが、「アドラー心理学ではトラウマは存在しない」という誤解を伝えているのを見て、この問題をはっきりとさせておく必要があると痛感しています。

トラウマは存在しないというわけではありません。たしかに存在するのです。ただし、従来考えられていたものとは異なります。

アドラーは、トラウマについて、つぎのように説明しています。

「私たちは、経験から来るショック、いわゆるトラウマにおかされるのではなく、私たちの目的に合うようにそのショックを理解する――つまり私たちは、経験に意味を与えることによって自己を決定するのであって、経験によって意味が決まるのではない」[*14]

アドラー心理学のトラウマに関する理論をまとめると、つぎのようになります。

1. トラウマは、人の生命に関わるほどの脅威であり、その脅威が、アドラー心理学でいうところの「ショック」である。
2. その脅威は、とてつもない恐怖を引きおこすものであり、人は自分自身を無価値な存在と結論づけてしまう。
3. 多くの場合、人はこの感情に対して深く永続的な恥の感覚を持ち、隠しておきたいと思う。

4. それらは、誤った信念のように自分自身が創造するものである。
5. トラウマやショックに関する信念は、生命力から来る創造力と同じものであり、それはいかなる困難をも克服することを可能にする。
6. この創造力と克服の精神は、私たちに宿っているものである。

つまりトラウマとは、不幸な経験によって外部から植えつけられるものではなく、自分自身が主観的に創造するものというわけです。これもまた、人間が持つ「創造力」の産物です。その創造の過程では、それぞれの「ライフスタイル」が影響しており、一様ではありません。トラウマを創造する力を持つと同時に、これを克服する力も持っています。私たちは、けっして不幸な境遇をただ受けいれるしかない無力な犠牲者ではありません。

ミネソタ周辺地域のビジネスパーソンを相手に、アドラー心理学の普及に活躍しているジョン・リードン先生は、シカゴの大学院を卒業し、ミネソタの大学院のインストラクターをつとめるアドレリアンです。リードン先生は、トラウマの最大の脅威が死であるのに対して、「神経症者にとっての最大の脅威は洞察《どうさつ》である」といっています。

なぜなら神経症者は、「自分の行動の目的が何か」について、みずから深く向きあうことを拒否しているからです。人生で直面するさまざまなライフタスクから、あらゆる方法を使って逃れようとします。これは自己防衛というべきものです。私たちにも当てはまる示唆《しさ》ではないでしょうか。

11. 使用の心理学　Psychology of Use

「なんでスポーツができないのか」

人が「何を持って生まれたのか」も大切ではありますが、アドラー心理学ではそれ以上に、「持っているものをどう活《い》かすのか」ということに重点をおいています。これを「使用の心理学」といいます。

一方の「何を持って生まれたのか」は「所有の心理学」Psychology of Possession であり、この考え方は、自分自身の行動や活動範囲におのずと制限をかけてしまいます。「何を持って生まれたのか」というと、まっ先に遺伝的要素が浮かびますが、それは、ライフスタイルの形成において影響因でしかなく、決定因ではないということです。その形成期において、つまり幼少期において、遺伝的要素をどのように「使用」したかが重要になります。

ここでいう遺伝は、おもに身体的遺伝のことです。心理的遺伝——つまり性格の遺伝については、性格が遺伝するのかという問題がいまだ解明されておらず、正確な判断ができません。アドラー心理学は、あくまで人間の持つ「創造力」が性格を決定すると考えています。

いま私は、大学でボクシング部のメンタルコーチをしています。ある選手に、どうしてボクシングを始めたのかを聞いたことがあったのですが、幼少期はぜんそく持ちで身体も弱かったとのことでした。彼はそれを克服するために、小中学校では空手を、そして高校からボクシングを始めたといいます。いまでは身体も頑健《がんけん》になり、日本でもトップクラスの部に所属することができました。じつは格闘技をやっている人には、こういった動機を持つ例が多いのです。

私が小学校低学年のときにも、同じクラスにぜんそく持ちの友人がいました。体育の授業になると、きまって校庭の朝礼台に座って見学していたのを覚えています。私はこの時間が待ち遠しかったのですが、その友人には、つらい時間だったのではないかと思います。彼は、身体を動かす、運動をするという行為に対してどんな思いを持っていたのでしょうか。そして、自分自身の身体的な遺伝的要素をどう活かすことにしたのでしょうか。

その友人は、とにかく成績がよかったのです。身体的な欠陥を直接的に克服するのではなく、その代わりに勉強に力を注いだのかもしれません。これをアドラー心理学では「補《ほ》償《しょう》」Compensationといいます。

身体的な欠陥や器官《きかん》の弱さ、それじたいが心理面に影響を与えるわけではありません。幼少期から「その欠陥や弱さにどう向きあうのか」——その訓練や鍛錬《たんれん》の結果が心理面にあらわれるのです。おそらく例にあげたふたりは、幼少期より両親など周囲の大人たちから「勇気づけ」をされていたにちがいありません。そのおかげで、それぞれの解決方法を実現できたにすぎません。

皮肉なことに、私はいたって健康優良児であり、平均的な子供よりも高い運動能力を持っていたにもかかわらず、自分自身の身体的な弱さを感じていました。もちろん、その身体的弱さを克服しようと、サッカーやボクシングなどのスポーツに挑戦しました。その結果、身体的な弱さはあるていど克服できたでしょう。しかし、この身体的な弱さに対する認識が、心理面で「劣等感」をつくりだしてしまったように思います。

もちろん、全体から見れば、これだけで劣等感を持ち、そして自分自身の能力や存在を低く位置づけることは、好ましい状態ではありません。人間は劣等感を持つ生きものですが、その劣等感が増大すると、人生のさまざまなライフタスクにおいて、その課題と向きあわず、そこから背を向けて逃げることになるのです。

「ひっこみ思案《じあん》なもので……」と、かつての私はよく口にしたものです。こういうことによって、さらに自分自身の劣等感を増大させていきました。しかし、使用の心理学を知った私は、「ひっこみ思案をどう活かしていくのか」という新たな見方ができるようになりました。たとえば、「私は、ひっこみ思案だからこそ、落ちつきがあって冷静な印象を人に与えるのだ」と考えられるようになったのです。

この印象は、「彼なら、話を聞いてくれる、受けいれてくれる」という相手の評価を生みだし、カウンセラーの仕事によい影響を与えてくれます（と考えるようになります）。

使用の心理学とは、「短所と思っていた特徴を、どのように長所におきかえられるか」ということです。たいていの短所は、かならず長所におきかえられます。

12. 勇気づけ Encouragement

「もっとホメたほうがいいのでしょうか」

大学院の在学中に、青少年用のシェルターでインターンをしていたことがありました。このシェルターには、家族間でのトラブル、とくに両親との関係性に亀裂《きれつ》の入った子供たちが、親に、ときには警察によって連れられてきました。

私はそこで、14歳の黒人の少女と出会います。彼女は医者から不安障害の診断を受けており、その母親もうつ病の診断を受けていました。実際に私と接するときの彼女は、とても気さくな感じで明るく、私が日本人ということもあって興味を持ってくれました。「Respectを日本語でどうやって書くのか」とか、「日本ではこのようなシェルターはあるのか」とか、さまざまな質問をしてくれ、勉強にも熱心にとりくんでいました。

ある日の夕方、少女が別室で母親と電話をしていたときのことです。くわしい会話の内容は聞きとれませんでしたが、受話器の向こうから母親の怒鳴《どな》り声が聞こえ、その子は泣きだしてしまったのです。

よほど受話器を奪って話をしようと思ったのですが、会話が一段落するまで見守ることにしました。少女は声を荒らげて応酬《おうしゅう》したのち、すぐに冷静になり、母親の怒鳴り声も聞こえなくなりました。少女が「早くお家に帰りたい」と告げ、母親がそれを承諾したらしく会話が終了したようでした。

声をかけると「いつものことだから大丈夫。お母さんはいつも勝手だから」と笑顔で返答し、その夜のうちに母親が迎えに来るということになりました。その後、少女とは電話のある部屋で10分ほど会話をしたのですが、これが私の人生にとってたいへん有意義な時間になります。

「ここでマコトに出会えてうれしかった。いろいろとありがとう」という彼女の感謝の言葉に、思わず涙が浮かびました。それから彼女は、「マコトはとてもいい人。もっと自分に自信を持ったほうがいいよ」と助言もしてくれました。私が、「ボクもキミと出会えてうれしかったよ。とても優しいし、気づかいができる子だね。今日はキミに勇気づけられた。ありがとう」と感謝を述べると、彼女はすばらしい笑顔を見せてくれたのです。

その夜、迎えに来た母親は、落ちつかない印象です。場をつなぐようにして、「いつも怒ってばかりで……。もっと娘をホメたほうがいいのでしょうか」とたずねます。私は、「もちろんです。でも、ただホメるだけでは不十分です。勇気づけが必要です」と答えました。

驚いたような表情を浮かべる母親に、私は「勇気づけ」の簡単な説明をしました。

「まず、お子さんの存在じたいを認めることが大切です。それから、お子さんの強みや長所に注目して、ありがとう、うれしいと心からいえる点を探し、その感謝や喜びの気持ちをお子さんに伝えてください。これが勇気づけです」

このとき、「さきほど、あなたのお子さんがそれを私に実践してくれましたよ」といいかけて、やめました。母親にも自尊心はあります。少女はシェルターをあとにするとき、1枚の手紙をくれました。私と母親が話しているあいだに書いていたのです。そこには、感謝と勇気づけの言葉がつづられていました。私はいまでもその手紙を大切にしています。

ミネソタの大学院で、以前にインストラクターをつとめていたウェス・ウィンゲットは、「人間は、長所や貢献、強み、利点に着目して、他者によって勇気づけられ、また他者を勇気づける必要がある」といっています。この場合、母親と子供がともに勇気を失っている可能性があり、ともに勇気づけ、また勇気づけられなければなりません。

勇気づけは万能です。アドラー心理学、アドラー派のカウンセリングにおいて、もっとも重要な技法とされています。実際の効果も実証されているため、アドレリアンのみならず、全米で多くのカウンセラーから認められているほどです。

2010年の北米アドラー心理学会でも、「社会的知能：脳科学リサーチから、変化のためのツール」というプレゼンテーションの中で、この「長所や強みに着目すること」が脳科学的に深い見解を与えており、人の注目のしかたによって脳は変化していくという内容が報告されました。「その人の短所に注目すれば、その短所が誇張されて際《きわ》だつようになり、その長所に注目すれば、脳がその長所を活かそうとする能力が増大する」といいます。

勇気づけの基本は、相手に「ありがとう」や「うれしい」の感情を伝えることです。状況によっては、失敗を指摘し、誤りをただし、改善や反省をうながすことも必要です。しかしそれ以上に、私たち人間には、ひとりひとり存在する意味や価値があり、自発的に変わっていく可能性を持っているというのが、アドラー心理学の考え方です。

また、勇気づけという日本語の語感からは、もっと雄々しいものを想像してしまいがちですが、そうではありません。「もっとがんばれ」や「キミならできるのに、なぜやらないのか」などといった、強い叱咤激励の言葉が、状況によっては勇気づけとして作用しないことがあります。マイナスの状況をプラスに変えてやろうとする作用ではなく、あくまでプラスを見つけて、ともに積極的な評価を共有しようとする作用です。

勇気づけの具体例については、すでにほかの本でも多く紹介されていますので、ここでは、ソーシャルワーカーのライセンスと結婚・家族カウンセリングのライセンスを所持し、ミネソタ大学院の創設者のひとりでもある、スーザン・パイ・ブローカ（スー先生）による「クライアントを勇気づける方法」を紹介しておきましょう。

スー先生は、伝説的アドレリアンのドライカースから子育てのワークショップを開くように後押しされ、実践したことがキャリアの第一歩です。いまではADD／ADHD（注意欠陥障害／注意欠陥多動性障害）を専門にしており、私も大学院時代にはよく質問をさせてもらいました。また、私が帰国する前にも、日本でアドラー心理学やカウンセリングなどの技法を教えたいと相談し、アドバイスを受けました。

彼女による「クライアントを勇気づける方法」をまとめると、つぎのようになります。

・その人の価値を認めること。「あなたの価値は、何をしたのかではなく、あなたが存在していることです」と伝える。
・その人の強みや長所に注目を向けること。
・その人の価値と行動を分けること。「私はあなたのことが好きです。でも、あなたのしたことは好きではありません」（その人に対する評価ではなく、行動に対する評価）という考え方で臨む。
・その人は自分自身で問題を解決できる人間であると信じること。その人が自分を信じられていなくても、カウンセラーがその人を信じることが大切である。

・その人の失敗を受けいれる。なぜなら、失敗はミステイク（Miss Take）であり、リテイク（Retake）が可能である。「しまった」というくらいのものであり、壊滅的なことではない。
・その人の努力やがんばりを認めること。どんなに小さなことでもよい。
・その人の成功に注目すること。どんなに小さなことでもよい。
・その人が失敗しても信じ、再チャレンジをうながすこと。「あなたならできます。あなたならやれます」と伝える。
・その人の行動の過程や方法に注目すること。「あなたのそのやり方はよいと思います。とても自信になったことでしょう」と伝える。

勇気づけは、やりすぎてダメだというものではありません。この勇気づけを、人はまるで乾いたスポンジのように吸収していくと、スー先生もいっています。

私がこの勇気づけを知ったのは、岩井先生の講座ですが、当時はとにかく強い衝撃を受けました。とても単純で、ごく自然なことなのに、まったくできていませんでしたし、むしろこれとは逆の「勇気くじき」を、家族や恋人、友人、仕事仲間といった周囲の人たちにしていたわけです。

それを学んだ日から、周囲の人たちに向けて実践を始めました。そうしたら、明らかに彼らの表情に変化があったのです。笑顔、そして勇気や自信にあふれた表情が見てとれました。それを実感することで、私もまた勇気づけられました。勇気づけは、あくまでそれをおこなう側の問題です。勇気づけをされたかどうかではなく、したかどうかです。

勇気づけが習慣化されると、２つの悩みに直面します。

ひとつは、予期せず誰かに勇気くじきをしてしまった場合です。

もうひとつは、ほかの誰かが勇気くじきをしている場面に遭遇したときです。思わず感情的になって、その人を非難してしまったときもありました。

そんなとき、「共同体感覚の押しつけはしないでください」という、岩井先生の言葉を思いだし、心を落ちつかせるようにしています。すると、自分を責めることをやめ、ほかの人や自分自身が勇気くじきをしている姿を見ても、その人を責める気持ちが起こらなくなったのです。

13. 不完全である勇気　Courage to be Imperfect
「うまくいかなかったら、どうしよう」

人間は「完全性」をめざす生きものです。そして、その完全性に到達することは不可能だろうということです。私たちは神にはなれないからです。人生とは、永遠に完全性の実現へと向けられた途上《とじょう》だということです。私たちは、大なり小なり不完全な存在です。つまり、この不完全性を受けいれ、これと向きあうことが必要となってきます。

「不完全である勇気」という言葉は、1925年にベルリンでおこなわれた第2回国際個人心理学会において、心理学者のソフィア・レイザーフェルドがはじめて用いました。

ここで、完全性と「完璧主義」Perfectionism の違いを説明しておきましょう。完全性とはあくまで理想であり、完全な状態をあらわしています。これに対して完璧主義は、その完全性到達の途上で、「うまくいかなかったらどうしよう」「失敗をするのではないか」というおそれをいだくもので、ひとつの神経症的傾向であると説明することができます。

アメリカにわたって大学院へ進学することを決めた当時の私には、この「失敗したらどうしよう」というおそれが強くありました。成績でCを2つとると無条件で退学となってしまうことを聞き、そのことが過剰な心配を引きおこしていました。また、アメリカでの生活や文化になじめるのかという不安もありました。そのため、留学の準備がなかなか進まなかったのですが、これは明らかに「躊躇する態度」を示していたともいえるものでしょう。

現代社会は、失敗やミスに大きなフォーカスをしがちです。その一方で、日常的な成功やうまくやれた場合を過小評価する傾向にあります。「それくらいできて当然だ」というわけです。この感覚を親や先生、上司などの他者から押しつけられていることもありますし、自分自身に負荷《ふか》をかけていることもあります。

アメリカでゴルフの打ちっぱなしに行ったときの話です。となりで小学校低学年ほどの男の子が熱心にボールを打っていました。子供ですから、うまく打つことができず、空振りもありました。それでも、そのお父さんはそばについて根気よく見守っています。そして、少しでもうまく打てたときには、「ほら！　さっきのがいいね！　よくなってきた。

その調子だ！」と、自分のことのように喜んでいました。子供は、親が心から喜んでいる姿を見て、勇気づけられるのです。

頭ではわかっていますが、これがなかなかできません。日本の親はどうでしょうか。いまのお父さんは子育て上手な人が多いようですが、私の親の世代では、野球を教えながら、「このへたくそ！　なんべんいったらわかるんだ！　おまえには才能がない！　こんなことなら、野球なんてやめて勉強しろ！」と、わめいているお父さんの姿を何度も見かけたことがあります。

そして、たまにうまくできて子供が喜んでいると、「それで満足しているから、進歩がないんだ」とけなしているのです。子供は、すっかり萎縮《いしゅく》してしまいます。こうやって、野球をあきらめた子供が勉強をしたからといって、うまくいくはずがありません。

その人の短所に注目すれば、その短所が誇張されて際だつようになります。長所に注目すれば、脳がその長所を活かそうとする能力が増大します。失敗ばかり気にしていると、「また失敗してしまうのではないか」という意識が増大して、本当に失敗してしまいます。その結果、「学習性無力感」（失敗を重ねるうち、たとえ簡単に成功できることでもやらなくなってしまうこと）におちいってしまうかもしれません。

ところが、失敗からも得るものがあるとわかっていても、自分自身が不完全な生きものだとわかっていても、このことばかりを意識しすぎると、かえってそれが責任回避の手段になってしまうことがあります。

本書の原稿がいっこうに進まないときの私がそうでした。この不完全である勇気を言いわけにして、積極的な行動を躊躇してしまうのです。「自分自身を責めてはいけない」と思うあまり、甘やかされた環境に身をおこうとするわけです。それでは状況はよくなりません。この経験の中で、場合によっては「完全になろうとする勇気」も大切だということを知りました。新しいこと、特殊なことをやるときは、なかなか原則だけではやりきれないものです。

アメリカ人には、よい部分ばかりに目をやろうとして、悪い部分を見ないようにする傾向があるともいえます。その一方で日本人は、アラ探しをしがちです。人生には気にしなくていい短所も多くあります。そんなものにとらわれて、自分をおとしめてしまっては、何にもなりません。不完全である勇気は、私たちにこそ必要な考え方かもしれません。

ドライカースは、つぎのようにいいます。

[*15]「人間とは自分自身のためだけでなく、他者のためにも有益な存在となり、貢献をすることである……私は、天使でもなければ、スーパーマンでもない。失敗もするし、欠点もある。でも、私はすこぶる調子がよい。なぜなら、周囲の人たちよりもすぐれたものになる必要がないのだから」

2014年の暮れに「カウンセリング面接技法」と題したワークショップを開く機会がありました。参加者を前にして、クライアント役を相手にデモンストレーションをおこなったのですが、こういった機会はいままで数度しかなく、私はかなり緊張をしていました。そのため、「うまくいかなかったら、どうしよう」という思いが頭をよぎったのです。

結果的にデモンストレーションは成功しましたが、その最中に、クライアント役の話を聞き逃すということが起こります。「すみません。さきほどの話を聞き逃してしまったので、もう一度いっていただけますか」と聞き返し、そのまま進行しました。

一般には「そんなこと、なんてことないじゃないか」と思う人がほとんどでしょう。ところが、日本のカウンセリングの現場では、「クライアントの話をさえぎってはいけない」「聞き返してはいけない」という不文律《ふぶんりつ》のようなものが支配しているのです。私の考えすぎかもしれませんが、とくにカウンセラーの卵である人たちには、そう考えている人が多いのではないでしょうか。

何ごともケース・バイ・ケースです。クライアントの話をさえぎったり、聞き返したりしたことで、カウンセラー自身が動揺してしまい、しどろもどろになったのでは、どうしようもありません。こんなとき、不完全である勇気をカウンセラーみずからが実践しなくてはならないのです。

「不完全である勇気」と「完全になろうとする勇気」は表裏一体であるともいえます。不完全である勇気を持って、一歩を踏みだし、完全になろうとする勇気をまた新たに持つことができます。

第2編

「3つのライフタスク」とは何か

私たちが人生の中で出会う、さまざまな課題、人それぞれの課題を、アドラー心理学では「ライフタスク」とよんでいます。日本語に翻訳すると「人生の課題」です。人間であるかぎり、これに直面しない人はいません。けっして避けることができないものです。しかも、ひとつや2つではありません。

このさまざまなライフタスクと「向きあい、そして克服するのか」、それとも「おそれ、逃避し、あるいは無関心をよそおうのか」によって、あなたの人生は変わってきます。この人生の課題を認識できず、克服できなければ、その結果として、怒りや不安のような負の感情を持つようになるのです。

「3つの問題が、私たちひとりひとりの目の前に立ちふさがる。それらは、仕事、交友、そして愛についてのの対処のしかたである。そしてこの3つは、たがいにリンクするものであって、偶発的なものではなく、避けることができない問題なのである」[*16]——アドラー

アドラーは、このライフタスクを「仕事」「交友」「愛」の3つに分類しています。のち

に、ドライカースやモサック、バーナード・シャルマンが、4つ目、5つ目として「自分」と「スピリチュアル」を加えていますが、本編ではアドラーのいう3つのライフタスクについて、アドラー心理学の用語を借りながら、ひとつずつ見ていきたいと思います。

「社会にとって有益な仕事をする人は、人間社会の発展の中心に生き、その前進を助長するであろう」[*17]——アドラー

ひとつ目の「仕事のタスク」は、この世で生きていくために欠かせないものです。これは、「自分には価値があり、意味があり、社会にとって、さらには人類にとって役立っている」という感覚が前提になっています。そして、つねにその感覚を持って仕事上の課題と向きあうことが、基本的な考え方となります。

一般的に仕事といえば、それぞれの仕事が、会社や職場、社会にとって貢献をはたし、それに対する報酬として給与を受けとるという関係があります。しかし、それと同時に、その貢献が、自分自身の生活を向上、発展させ、さらに、この地球という惑星レベルにお

いても発揮されることで、自分は成長し、進化できるという、もうひとつの関係がありま
す。
　ですから、この仕事のタスクは、何も金銭が発生する活動のみに限定されていません。社会や共同体にとって有益な活動すべてをふくんでいます。たとえば、主婦にとっては家庭における仕事や子育て、子供や学生にとっての学業や、地域への奉仕、ボランティア活動など、広い領域が想定されるものです。社会や共同体に対する、責任と規律を持った活動すべてを対象にしています。

*18「私たちはつねに他者と関わり、調和し、そして、関心を持たなければならない」――アドラー

　2つ目の「交友のタスク」は、友人関係はもちろん、社会生活全般の対人関係を対象にしています。簡単にいえば、よりよい人間関係が築けるかということでしょう。それは、相互尊敬や相互信頼、そして協力をしていく関係です。そして、この関係性もまた、人類

の存続にとって必要不可欠なものです。

「人類は2つの性からできており、人類存続のため、異性へのアプローチと自分自身の性的役割にとりくむことである」――アドラー[*19]

「3つのライフタスク」とは何か

3つ目の「愛のタスク」は、大きく男女関係と家族関係の2つに分けられます。

まず私たちは、誰もが男性もしくは女性という性を持って生まれてきます。そして男性と女性は、人類の未来の発展のために性的な協力をおこないます。この異性との関係性は、3つのライフタスクの中でも、もっとも困難なものかもしれません。異性との交際、そしてパートナーとの結婚生活には、交友のタスクにおける人間関係以上のものが要求されることが多いようです。すなわち、「共同体感覚」の必要性、つまり、さまざまな課題と正面から向きあう「勇気」が必要になってきます。

また、この愛のタスクは、家族の中の人間関係もふくんでいます。夫婦関係はもちろん、親子関係、きょうだい（兄弟姉妹をふくむ）関係の課題から目をそらすことはできません。さらには、嫁と姑《しゅうとめ》、配偶者のきょうだいとの関係もこの範疇《はんちゅう》に入ってくるでしょう。

人間は社会的な生きものです。私ひとりでは生きていけません。まず強い「自分」を持つことが大切ですが、つぎに他者や社会との関係性が求められていきます。これがうまくいかないと、自分も保てなくなるのです。これが人間というものです。

その1　仕事のタスク

14. 貢献　Contribution
「いまの私には何ができるか」

２０１１年３月11日（金曜日）、東北地方をマグニチュード９・０という大規模な地震が襲います。その影響で起こった津波によって多くの人が亡くなり、財産を失いました。そのときの映像が全国に流れ、すべての日本人の心の中に大きな傷を残しています。この地震が発生した日本時間は、14時46分でした。

当時の私はミネソタにおり、現地時間は、日付が11日に変わった直後の深夜０時46分でした。その夜は早めに就寝していたのですが、ちょうどこの時刻に目が覚《さ》めてしまいます。すぐに眠れそうになかったので、インターネットでメールのチェックをしようとして何気なくヤフーのニュースを見ると、日本で大きな地震があったとの記事がありました。ただそのときは、ことの重大さには気づかず、明朝のミーティングにそなえるため、ベッドへと戻ったのでした。

午前9時からのミーティングは、コーチングに関するもので、同じくミネソタ在住の日本人と会いました。そして、昨夜の地震についての話となり、とても大きいものだったようだという話になりました。日本にいる家族を心配しながらも、根拠のないところで、おそらく大丈夫だろうと考えていました。

ミーティング後そのまま大学院に戻ると、今度はスタッフやインストラクターたちが集まってきて、「日本は昨日の地震でたいへんみたいだよ。家族は無事なのか」と聞かれました。そのうち、だんだんと不安になってきます。すぐメディアセンターに行きメールをチェックすると、私の家族の安否を心配してくれたアメリカの友人たちからメッセージが何本も入っていました。大きな津波の被害が加わっていたことをはじめて知ります。

私の実家は横浜です。あとになって聞いたところ、地震直後の地域一帯は停電となり、外出中の父親は電車も止まり立ち往生《おうじょう》したようでした。車で迎えに行った母親と姉から、道路は信号も消えたままの渋滞状態で、家までとんでもない時間がかかったと聞きました。それでもケガがなかったということで、ホッとしていたのです。

日がたつと、被害報告がアメリカにも伝えられてきます。13日の段階では数万人の安否不明、14日には死者・行方不明者の数が約5000人とふくれあがり、その後の1週間の私の心には、とにかく行き場のない絶望的な感情が湧《わ》きおこりました。

このとき、いちばん強く心に持ったのが、この行き場のない感情をどう処理すればいいのかということでした。遠くアメリカにいて、できることといえば、ただ祈り、募金をするだけです。被災現場に向かった公的な、あるいはボランティアの救援者や支援者の善意に頼るしかできません。そんな自分に無力感を覚えるようになりました。

しかし、相手は自然であって、こちらがいくら感情をぶつけたところで応答はありません。応答がないことによって、より人間の無力感を覚えることになるのでしょう。この行き場のない感情は、ヘタをすると他者に向かい、場合によっては、まったく関係のない話に発展することがあります。

インターネット上の反応を見ると、「政府の対応が遅い」だとか、「被災者が苦しんでいるのに、どうしてあなたはそんなにも無関心なのか」だとか、まるでその人たちが悪者であるかのようにいっているものもありました。また、寄付をしたか、していないか、いくら寄付をしたかなどが口論のテーマになってもいました。有名人や芸能人はいくら寄付をしたかを公表しろといった、まったく見当ちがいの意見もありました。家族を亡くした人たちのことを思うと、いたたまれない気持ちになりました。

そんななか、大多数の人に共通する言葉を見つけます。多くの人のブログが、「いま、自分にできること」というタイトルで書きだされていたのです。

自然災害を前にしたときの人間の無力感は「劣等感」とみなすことができます。「勇気くじき」がされた状態であるともいえます。このような行き場を失った感情の処理について、アドレリアンのひとり、リチャード・コップは、つぎのような見方を示しています。

[*20]「共同体を治癒《ちゆ》し、修復するためには、アドラー心理学の3つの概念――つながり、協力、貢献が必要となるだろう」

ここでいう「つながり」は、「共同体感覚」のことです。その後、日本はこの感覚を共有することで急速な復旧を実現しています。このときの日本人の対応速度や姿勢に、大学院のインストラクターやクラスメート、アメリカ人の友人たちはみな、大きな絶賛をしていました。報道やユーチューブの映像などで、整然と列を崩さず食事を受けとる被災者たちの姿を見て、勇気をもらったという人もいました。アドラー心理学を学ぶ人たちからは、被災地の日本人はその実践者として受けとめられたのです。

共同体感覚は、治療・修復のプロセスにおいてこそ、大きな役割をはたします。アドラーはこのことをつぎのように説明しています。

「共同体感覚は、個人が持つあらゆる弱さの必然的な補償となりうる」[*21]

「貢献」と聞いて、どのようなものを頭に浮かべますか。とくに仕事のタスクにおける貢献の場合、それが、自然災害を前にしたときの貢献と、どう関係があるのかと考える人も多いのではないかと思います。しかし、「私には意味があると感じ、同じ職場の仲間に対して、社会に対して貢献できる存在であると感じる」ことが、仕事のタスクにおいても大切です。

会社に利益を残すことだけが貢献ではありません。率先して数字や評価にならない仕事を引きうける貢献もあります。そして、不測の事態が起こったとき、誰かがミスをしたとき、いままでの手法が通じないとき、あるいは職場の誰もが知らない問題にあなただけが気づいたときなど、こういったあらゆる状況下で、貢献の感覚は発揮されます。

もうひとつの「協力」については、あらためて「愛のタスク」の章でふれましょう。アドレリアンにとって、この「いま自分に何ができるか」は、とても基本的な課題であり、そこでは貢献、協力していくことの重要性が論じられています。

ドライカースの娘のエバ・ドライカース・ファーガソンは、つぎのようにいいます。

「この共同体の発展のために自分にできることは何か……起こるできごとや失敗から、私たちは何を学ぶのか」[*22]

落ち度や失敗、不謹慎な行動・態度などを認識したとき、その原因や責任を追及するよりも前に、「いまの私には何ができるか」と自分自身に問いかけることによって、正しく解決の方向に目を向けることができます。

15. 器官劣等性《きかんれっとう》 Organ Inferiority
「どうしてあなたは、いまの仕事を選んだのですか」

アドラーが初期の理論を構築するとき、もっとも基礎的な概念と考えていたのが、「器官劣等性」と「補償」Compensation でした。

それには、彼の幼少期の体験が影響しています。4歳のとき、弟のルドルフがジフテリアにかかって命を落とします。また、みずからも肺炎にかかり、死の淵《ふち》をさまよったのです。こういった体験がもととなって、アドラーは医者になることを決意します。そして、内科医として人間の身体器官を研究するうち、ある重要な発見をします。

ウィーン大学の医学部を卒業し、レオポルトシュタットにオフィスを開きます。この地区には有名な遊園地があるのですが、そこで働いているアーティストや曲芸師たちが、人生の悩みについてアドバイスを求めようと、アドラーのもとを訪ねてきました。

彼らは、当然ながら高い運動能力をそなえていますが、その多くが幼少期に身体的な弱さを持っており、技芸や体力を身につける訓練を通して、それを「克服」してきたというのです。そこでアドラーは、彼らの不安が、その身体的な弱さに対する認識から来るものではないかと考えるようになりました。

さらに、人間の身体機能というものは、その人の劣等にある器官をほかの器官によって補償することで発達するという、彼の理論が導きだされます。聴覚が劣っている（聞こえにくい）という認識があれば、たとえば視覚がそれを補償するというのです。補償した器官がいちじるしく発達することもあり、これを「過補償」Overcompensation といいます。幼少期には、この器官劣等性―補償のプロセスが大きな影響を持ちます。

器官劣等性とは、客観的な身体器官の不全や劣位です。子供は、それにより「劣等感」Inferiority Feelings という心理面の感情を生みだすことがあります。アドラーは、劣等感について、「すべての人間は、いわゆる劣等感を持っており、この劣等感が、統率、優越、支配や完全性を追求する私たちの動機づけとなっている」といった考え方を述べています。

劣等感は、「克服」される対象です。「生まれてこのかた、劣等感というものを持ったことがない」という人がいます。こういう人は、「完全性」に到達したということになるのでしょうが、それは現実的ではありません。私たちは、そう簡単に神にはなれないからです。私たちは、人間であるかぎり、大なり小なり劣等感を持っています。「劣等感がない」という人は、おそらくそれを正しく認識できていないだけなのではないでしょうか。

また「劣っている」とは、何に対して劣っているのかという議論にもなります。最低限度の活動をできる状態に対してなのか、世の中の平均値に対してなのか、当面のライバルに対してなのか、あるいは理想とする自分に対してなのか——その基準は人それぞれでしょう。しかし、「劣っている」という主観的な認識を持つことによって、人は成長する機会を与えられます。劣等感がなくなった瞬間、その人の成長もとまります。

成長のプロセスによって、自分自身だけでなく他者や社会においても有益になるように生きていくことができます。アドラーはまさしくそのように生きることを実践しました。

アドラーの重要な生徒のひとりであり、その著書や手書きの原稿をまとめて、アドラー心理学を広めたハインツ・アンスバッハーは、「社会という場が、人間の弱みを補償する、もっとも重要な場である」といいます。

ここで、「どうしてあなたは、いまの仕事を選んだのですか」という問いについて、あらためて考えてみます。アドラーは、自分自身が病弱だったことに加え、弟を病気で失うことで持つにいたった劣等感を克服するため、医者になります。「病気の根源と闘いたい、ほかの子供たちが弟のようにならないようにしたい」という思いを実現させたのです。

かくいう私がカウンセラーの道を選んだのも、結果から見れば、劣等感を克服するためです。当初は、知らない誰かのためになりたいというよりも、「自分とは何か」をもっと知りたかったのです。20代のなかばになるまで自分がわかりませんでした。いま考えれば、自分の成長に疑問を感じていたのだと思います。それを克服するために、人の成長過程に興味を持ち、他者の人生に関わりたいと考えるようになりました。

その結果としてのカウンセラーの職業選択です。いまは、発展途上である自分と向きあうのが、楽しくてしかたがありません。

先日、インターネットのニュースを見ていると、こんな人がいました。兵庫県在住のその人は、各地で災害が起こると、チェンソーを片手に駆けつけ、閉じこめられた被災者を救出するボランティアをされているのです。

彼にはつらい経験がありました。神戸にある実家に戻っていたちょうどそのとき、阪《はん》神《しん》・淡路《あわじ》大震災に襲われます。仲間たちと中学時代の友人宅を訪ねてみると、なんと友人は倒壊した家の中に閉じこめられていました。火の手がすぐそこまで迫ってきていたので、急いで助けだそうとしますが、道具がなく、行く手をさえぎる梁《はり》が動きません。がれきの下から、友人の「もうええ。オマエらが死んだらどうすんねん」という声が聞こえてきました。

その友人は亡くなりました。「目の前で、助けだせなかった」——この記憶がずっと彼を苦しめました。彼の負《お》い目になっていたのでしょう。全国の自然災害のニュースを見るたび、自分の無力感にさいなまれていました。これも、劣等感のひとつといえます。

ところが、近くで豪雨災害が起きたとき、彼は立ちあがります。ボランティアの送迎や家屋の掃除の手伝いという具体的な行動に移します。その後、救助ボランティアの団体を設立しました。劣等感を克服することができたのです。

このように劣等感は、その人の心理的な悩みや不安のもとになっていますが、それをどのように使用するかを決めるのは自分です。その人の勇気をくじくかもしれないし、あるいは人生の成功を実現し、社会に貢献するための動機になるかもしれません。後者をめざすアドラー心理学において、劣等感はやはり必要なものです。

ですから、幼少期に聴覚が劣っていたことで画家として大成する人や、視覚が劣っていたことで音楽家として大成する人がいて、何ら不思議はありません。また、一般の人より聴覚が劣っている音楽家や視覚が劣っている画家もいるでしょう。これが人間なのです。

器官劣等性に向けられた補償の作用は、かならずしもマイナスの影響ばかりではありません。むしろプラスになることが多いのです。「使用の心理学」の項であげた例を思いだしてもらっても、そのことがわかるでしょう。それへの向きあい方には3通りあると、アドラーはいっています。

ひとつ目は、直接的に向きあう方法です。ぜんそくで苦しんでいた少年が、空手やボクシングをやることで、身体的な劣位を克服しました。

2つ目が、補償です。ぜんそくで運動ができなかった少年が、学業で優位を得るというものです。

もうひとつは、逃避です。直接的に向きあうこともせず、補償もおこなわなければ、たとえば、ぜんそくだった少年がそれを理由にして、いっさいの人生の課題から背を向けてしまうでしょう。この逃避行動は、その後の人生に悪い影響をおよぼします。

器官劣等性は、それじたいが人生やライフスタイルの決定因にはなりえません。しかし、影響因にはなります。それを有益な方向におきかえるのか、それとも無益なものにしてしまうのかは、その人の「創造力」によってはかられるものです。つまり、活かすか逃げるかを決定するのも自分です。

モサックは、このことをつぎのように表現しています。

「アドラーにとって、〝精神は身体にどう影響を与えるのか〟や〝身体は精神にどう影響を与えるのか〟は、重要な問題ではなかった。というよりも、個人が人生の目標の追求のために、〝精神と身体をどう使用するのか〟に着眼点をおいていた」*23

つまり、「何を持って生まれたか」という「所有の心理学」ではなく、「持っているものをどう活かすか」という「使用の心理学」だということなのです。

「仕事なんて、しょせんお金をかせぐためにやっているのだから、ガマンして続けろ。続けているうちに、その仕事のよいところは見つかる」という人がいます。一理ありますが、全面的に正しいとは思いません。たしかに、人間関係で悩んだり、自分自身のワガママを通したりしたことで、いまいる会社をやめる人は、この先もうまくやれないでしょう。しかし、いまの仕事の内容について、純粋に自分が求めたものなのかどうかを、もう一度問いなおす機会はあってもいいと思います。

ハイキャリアの仕事をめざせといっているのではありません。たとえば、子供のとき貧乏だった劣等感を克服するために、「仕事の内容はさておき、とにかくかせぎたい」――これは、きわめて健全な選択です。その一方で、いやいやつとめていたら、かえって同僚や仕事先の人、顧客に悪い影響を与えることでしょう。

ひとりでも多くの人が、自分の劣等感と向きあい、それを克服して、心から打ちこめる仕事に出会えるよう願っています。

ここで劣等感の悪い影響についても、ふれておきたいと思います。当面の課題となるライフタスクがあまりにも巨大な場合、そのことを過剰に認識してしまったとき、克服の実践プロセスが阻害《そがい》されることがあります。大プロジェクトを前にして「能力の限界だ」と思ったことはありませんか。

このとき、劣等感が増大して、「劣等コンプレックス」Inferiority Complex の状態がつくられていきます。劣等感と劣等コンプレックスは別物であることを正しく知らなくてはなりません。劣等感は、かならずしも他者の目から確認できるものではありませんが、一方の劣等コンプレックスは、目に見える形であらわれます。

そして、フロイトがいうような、無意識下で抑圧されたものが顕在化《けんざい》したわけではありません。この劣等性コンプレックスは、自分自身がつくりだしたものだということです。なので、自分の力でそれを消滅させることもできます。

劣等コンプレックスの具体的な内容については、「躊躇《ちゆうちょ》する態度」「そうですね…とはいっても」「軽蔑《けいべつ》傾向」の項を参照してください。簡単にいえば、勇気がくじかれた状態であり、自己防衛の表現です。モサックは、つぎのように説明しています。

「*24劣等コンプレックスは、不適応、不履行《りこう》、そして病気という形で露骨に演出される」

ミネソタのクリニックにつとめているときのことです。営業の仕事をしているという男性のクライアントが訪ねてきました。彼は、ときおり息ができなくなり、胸が苦しくなる、頭痛もあると訴えました。営業のノルマ達成のプレッシャーや未達成の不安から、劣等コンプレックスがつくられ、〝病気〟が演出されていたのです。この〝症状〟は、内科に通っても治《なお》りません。

この人は、実際に話をするかぎりでは、受け答えもしっかりしていました。たいへん論理的で、優秀な人物だと感じたのです。なぜ、こんなことになったのでしょうか。

アドラーはつぎのようにいいます。

「個人が適切で具体的な優越性の目標を持っていない場合に、〝劣等コンプレックス〟が起こる。〝劣等コンプレックス〟というものは、逃避願望を導き、その逃避願望は、ひとつの優越コンプレックスという形であらわされる」[*25]

ここでいう「優越性の目標」は、「克服」の項であげた「完全性の追求」と似た意味と考えてください。さきほどのクライアントには、「私はつねに誰よりもすぐれていなくてはならない。もっと成績をあげなくてはならない」という目標がありました。それが達成できないことを認識すると、体調を崩してしまったのです。

この人の場合、当面の目標を設定するのに必要な「共同体感覚」が不足しています。職場や会社が不当な競争心をあおっている状況も考えられますが、ふつうの職場環境下で、彼だけが競争心を駆りたてられているのかもしれません。こんなとき、自分自身がどのような「貢献」をできるかについて見つめなおす機会が必要です。そして、「不完全である勇気」を持つことにより、劣等コンプレックスから脱却できることでしょう。

16. 優越感　Superiority Feelings
「あいつはオレが育ててやったんだよ」

出世した部下をさして、「あいつも立派になったもんだ。入社したときは右も左もわからなかったのに」とか、「いまでこそわが社のホープだが、じつはオレが育ててやったんだよ」とかいって、さらりと自慢をする人がいます。

アドラー心理学では、こういった「優越感」は、「劣等感」の裏返しとみなしています。「人間とは劣等感を持つ存在」なのですから、それと表裏一体の優越感を持っていて、何ら不思議はありません。ところが、これが表に出てくるから、タチが悪いのです。

この優越感は、自分の劣等感が克服されず、緊張状態を生みだしたとき、それを何とかムリにでも「補償」しようとする動きによってあらわれます。「私が彼より劣っている」と思われたくないために、自己防衛をしているのです。ようするに、彼は自分の能力を疑っており、現状に対する不満足感を持っています。もっといえば、誰かにホメてもらいたいし、よい評価をしてほしいわけです。

優越感の追求にも、よい場合と悪い場合があります。それが「共同体感覚」の実践において、能動的、協力的なものであり、かつ社会的に有益な形であらわれていれば、適切な優越感であると判断されます。しかし、それが非協力的に表現されたり、他者との距離をつくりだしたりするものであるなら、また、同僚や部下たちの「勇気くじき」として作用しているなら、不適切な優越感だということです。

ハインツとロウェナのアンスバッハー夫妻は、つぎのようにいいます。

「私たちは、劣等感と優越感の組みあわせの結果として生じるものとして、ひとつの発見をした。それは、神経症的に前後に動きつづける運動である」

彼らの言葉によると、「劣等コンプレックス」の補償のために、「優越コンプレックス」という形で表現されていることになります。

「あいつはオレが育ててやったんだよ」と口にする人は、この職場で「勇気づけ」をされていません。こういう人には、勇気づけが必要です。しかし、彼自身もまた、職場の仲間や部下たちに勇気づけをしていないでしょう。共同体感覚の失われた職場環境であるともいえます。

17. 罪悪感 Guilt Feelings

「オレって、本当にダメな人間だよね」

ドライカースは興味深いことをいっています。

「[*26]私たちは、良心的な意図を表示したつもりで罪悪感をつくりあげている……しかし、実際にはそんな意図はない……。その結果に対する被害やマイナス的要因を補修したり、それにいたる方法を改善したりすることよりも、どうやら私たちは自分自身を責めることを好むようだ」

罪悪感は、「劣等感」の一種です。

あなたのミスが、会社に損害を与えたり、取引先に迷惑をかけたりしたとしましょう。

こんなとき、罪悪感を持たない人は少ないでしょう。罪の意識というものは、レベルの差こそあれ、誰にでもある認識です。

しかし、自分の罪悪感を表現し、責めることによって自分自身の不遇に酔っているような人をよく見かけます。飲み屋で、何度も「オレって、本当にダメな人間だよね」といっているような人たちです。

もっと厄介《やっかい》なのは、さしたる問題もないのに、たえずこの言葉を口にしている人です。では、この人が日ごろから罪の意識ばかりにとらわれているのかといえば、そうでもなさそうです。つまり彼の言動は、いかなる目の前の課題に対しても建設的にとりくむ姿勢を拒否し、解決に背を向けることが前提となっています。「オレは何もとりあわないぞ」といっているようなものです。「劣等コンプレックス」のかたまりのようになっています。

したがって、この罪悪感には、別の目的があるというわけです。

モサックが、罪悪感の6つの目的をあげているので、見てみましょう。
1、自身の重要性を感じるため。
2、(実際に罪をおかした人たちや、罪悪感を持たない、良識がないと彼が考える人たちに対して)

優越感を得るため。

3、過去のできごとに対する罪悪感を裏に隠すため（しかし、よりよく改善された現状をつくろうとは試みない）。

4、論理的な言いわけをして、本来持っている意図をあざむくため。

5、罰から除籍《じょせき》されるため。

6、よい自分と悪い自分のあいだでの葛藤を生むため。

この中で、5番目の「罪から除籍されるため」が、一般によく見られる目的ではないでしょうか。

この場合、反省をしているという態度を周囲に表現することができます。もちろんその多くは、偽装でしょう。「これだけ罪の意識にさいなまれているのだから、もう許してほしい」といっているのでしょうか。また、「これだけ反省しているのに、受けいれてくれないあなたは、ひどい人だ」といった抵抗心のあらわれかもしれません。いずれの場合も、相手を傷つけるひとつの手段として用いられています。

そのほかの5つの目的はどうでしょうか。こうなると、罪悪感の対象と思われていた問題は、彼にとって重要ではないのです。会社でのその人のあつかいに不満があるとか、まったく場違いの次元で、家族とうまくいっていないとか、そういったものが新たに起こった無関係の問題へと便宜的に向けられているにすぎません。

アドラーは、つぎのようにいいます。

[*27]「ニーチェは、罪悪感や自責《じせき》の念というものを、たんなる悪意、もしくは悪性のものだと説明している。その説を裏づけるようにして、多くの神経症者が、人生の無益な側面に身をおくために罪悪感や自責の念を使用しているからだ」

健全な劣等感を持つ人は、被害や迷惑をつぐない、改善する方法をとるなどして、状況に応じた行動を起こすことでしょう。しかし、神経症的な人は、罪悪感を利用して自己正当化をはかっているのです。このときの罪悪感は、劣等コンプレックスと同じように、罪悪感の増大により、「罪悪コンプレックス」Guilt Complex をつくりあげ、自分以外の関係者すべてに向けて、一種の抵抗のサインを示しています。

あなたが罪悪感に逃げこんでいるなと感じたら、すぐにその対象となっているものを再確認しましょう。人生における課題から逃れようとする意識が働いているかもしれないからです。

18. 勇気 Courage

「最近、どうも仕事に身が入らないんです」

どの職場にも、元気のない人がいます。睡眠が十分ではないのかもしれませんし、飲みすぎで二日酔いなのかもしれません。家族やパートナーとの人間関係の問題や健康の問題をかかえているのかもしれません。また、もともとの性格が、もの静かで平穏なため、元気のないように見える人もいると思います。

こんなことがありました。以前、横須賀の米軍基地でフードサービスの仕事についていたときのことです。そのとき同僚だった女性が、「最近、どうも仕事に身が入らないんです」といっているのを耳にします。

最初は、気分がすぐれないのか、それとも何か悩みごとでもあるのだろうと、深く気にとめていませんでした。ところが、私と顔を合わせるたびに、何度も「やる気が起きない」というので、くわしく話を聞くことにしました。すると、いまの仕事のほかに本当にやりたいことがあるにもかかわらず、行動へ移すことができずにいることがわかりました。つまり、〝最近の話〟ではありませんでした。「躊躇した態度」で仕事のタスクに向きあうことで、現状に背を向けていたのです。

彼女がやる気をとり戻す方法は、ひとつしかありません。「勇気」を持って、いまの仕事を離れ、やりたい仕事につけるよう努力することです。あるいは、そのための準備を始めることでしょう。まず一歩を踏《ふ》みだすしかありません。

勇気とは、みずから進んでリスクのともなう行動を引きうけることです。こういうと、「どうやったら、その勇気を得られますか」とたずねる人がいるのですが、勇気というのは、具体的に起こされた行動に向けられるものです。そういった資質の有無を論じることには意味がありません。

同僚の女性は、勇気を持てないことで自信の喪失につながり、自分の人生を見つめる目が「有益な側面」から「無益な側面」へと移されていたことになります。人生の無益な側面に目が向いているかぎり、職場の仲間たちがどんなに盛りたてても、実際の仕事は捨てたもんじゃないとわからせようとしても、彼女の仕事上の課題が解決することはないように思われます。

むしろ、そんな状態でいまの仕事にとどまり、現状に対する不平や不満にとらわれつづけていると、これが「劣等コンプレックス」となるのです。この状況は、何も仕事のタスクに限ったことではありません。3つのタスクは、おたがいに関連しているものですから、「仕事に身が入らない。やる気がおきない」という人は、「交友のタスク」や「愛のタスク」にも何らかの問題をかかえている可能性があります。

アドラー心理学において、勇気はもっとも重要な概念のひとつです。

アメリカで多くの本や文献を執筆しているアドレリアンのリチャード・ワッツは、そのカウンセリングは、「治療や解決がおもな目的ではなく、勇気づけのプロセスである」と断言しています。カウンセリングを受けに来るクライアントは、病気ではなく、人生の課題と向きあう勇気を失っているというのが、アドラー心理学の考え方です。

アドラーやドライカースも、カウンセラーに対して「勇気づけ」の重要性を説きます。

「[*128]治療によるすべてのステップにおいて、私たちは勇気づけの道からはずれてはならない」

「すべての治療において、もっとも大切なことは、勇気づけである」[*29]

アドラーが、健忘症だというクライアントを受けもったときのことです。このクライアントは、3年ほど前に「あなたの病気は治らないだろう」と医者から告げられていました。彼のほうも、すでにあきらめたような印象があり、治療が始まって3カ月のあいだ、ほとんど話をしなかったといいます。アドラーがしたことといえば、今後の人生のために彼が注意しておくべき事項をまとめて伝えることのみでした。

あるとき、たまりかねたクライアントは、事務所で暴力をふるいはじめます。そしてつぎの瞬間、事務所の窓を素手で割りはじめたのです。彼の興奮がおさまると、アドラーはとても友好的な態度のまま、血まみれとなった拳《こぶし》に手当てをほどこしました。

のちに、そのクライアントは回復します。すっかり元気になった彼に対して、アドラーは、今回のカウンセリングが成功をしたのには、どういった理由があるのだろうかとたずねます。すると、彼はこう答えたのでした。

「それは、まったくもってシンプルなことです。当時の私は、生きていく勇気を完全に失っていました。ですが、あなたとの面談によって、それをふたたび見つけ、とり戻すことができたのです」[*30]

勇気づけの成功は、「共同体感覚」に支えられています。このクライアントは、アドラーの対応に接するうち、それをやしなわれ、ついに自分のライフタスクと向きあうための勇気を得たのです。

アドラーは、勇気について、つぎのようにも説明しています。

「勇気とは、一杯のスプーンに盛られた薬のように与えられるものではない。私たちが勇気をくじかれた人に向けてすべきことは、『もし、あなたが自分を過小評価しないのであれば、幸せになれるだろう』ということを教え、それを実際に見せることである。私たちがそのような彼らの自尊心を増加させれば、勇気は自然と湧いてくるものである。しか[*31]

し、彼らが劣等感を持っているかぎり、いかなる責任も受けいれることはないであろう」

ここでいう〝劣等感〟は、「劣等コンプレックス」のことです。

また、実存主義の心理学者であり、アドラーの生徒でもあったロー・メイは、勇気について、たくみなレトリックを用いて表現しています。

「*32 "Courage" という言葉は、フランス語の"Coeur"、つまり英語でいうところの"Heart"に由来している。人間の心臓(Heart)は、血液を腕や足、脳に循環することによって、すべての身体的器官を機能させるが、それと同様に、勇気もまたすべての心理的善徳を可能にする。勇気がなければ、いかなる価値もたんなる善徳の複製品に下落してしまう」

勇気という概念は、アドラーがいう人生の「有益な側面」、そしてメイがいう「心理的善徳」を可能にするわけです。

その2
交友のタスク

19. 優越コンプレックス　Superiority Complex
「えっ⁉　知らないの？」

横須賀にあるスターバックスでテキストを読んでいたときのことです。となりのボックス席には、30歳前後でしょうか、3人組の女性がにぎやかに話していました。

とつぜん、そのうちのひとりが、「知ってる？　えっ⁉　知らないの？」と店内いっぱいに響きわたるほどの声で叫んだので、何のことかと思わず注意を向けたのです。

さらにその女性は、もうひとりの女性に向かって、「Aちゃん、知らないんだって〜。遅れているわよね」と同意を求めるようにいいました。彼女は、少し困った顔をしながら話を合わすかのように、「そうだね」と小さく答えます。

遅れているといわれた女性は、少しムッとしながら、「それが知っていなきゃいけないようなことなの？」と反論しました。すると大きな声の女性は、「あたりまえじゃない！みんな知っているわよ。知らないの、あなただけよ」と、勝ち誇ったようにいい返したのでした。

失礼を承知で彼女たちの会話に耳を傾けていると、どうやら、ある男性アイドルグループがほかのグループとユニットを組むといった話のようです。芸能界にうとい私でもその2つのグループの名前を聞いたことがありましたが、ユニットを組むことはまったく知りませんでした。もっとも、「そんなこと、ほとんどの人が知らないんじゃないかなぁ。知る必要もないし……」と考えたところで、こんなとるに足りない話に聞き耳を立てていた自分自身が恥ずかしくなり、思わず笑いがこぼれました。

私たちは、つねに進化のプロセスにおり、その人生は「克服」の連続です。アドラー心理学が想定する人生の成功とは、直面する困難、すなわちライフタスクを十分に認識し、克服することといえます。アドラーは、それを「完全性の追求」という「目標」に向かって生きていると説明しています。彼はまた、別の表現として「優越性の追求」という言葉を用いています。

友人のタスクは、仕事のタスクにくらべて、より人間関係性が強くなります。

この女性の「知ってる？　えっ⁉　知らないの？」という言葉には、自分だけが知っていることへの「優越感」があったのでしょう。そして、「知らないの、あなただけよ」という言葉には、それを知らない人への「軽蔑傾向」がうかがえます。

こういう人は一般的に、自己顕示《けんじ》欲が強く、自分を表現する場合に、知識というものを「補償」の手段として用いることが多いように思います。もっといえば、自分が他者よりもすぐれているか、それとも劣っているかという見方で、人間関係をとらえがちです。

同じように、完全性の追求という目標を持ち、優越性の追求をしていたとしても、その人の「共同体感覚」が十分にそなわっていれば、優越性の追求は「有益な側面」を示します。しかし、共同体感覚が不十分な人は、この追求が「無益な側面」を帯びるのです。

こうなると人は、「劣等感」が増大し、「劣等コンプレックス」を持つようになり、それを「優越コンプレックス」によって補償します。自他をつねに優劣で比較し、自己評価を高めるための行動に終始します。ところが自分にそれほどの自信がないということになれば、他者を軽蔑し、その評価を落とすことで、相対的な自己評価を上げようとするでしょう。このとき、劣等コンプレックスと優越コンプレックスは、あたかもコインの表裏のようにして存在しています。

会えばいつも、その場にいない人の悪口をいう人がいます。その人にとって、ちょっとした〝あいさつ〟のようなものです。

しかし、いつも用意周到、待ってましたとばかりにいうわりには、たいていの場合、そのときかぎりの会話の中で終わってしまいます。本当に悪口の対象となる相手に問題があると思えば、その問題点と真剣に向きあうのではないでしょうか。つまり人の悪口が、自分自身に注目を集め、評価を上げるための（実際に上がっているかどうかはわかりませんが）手段になっています。

「あいつはオレが育ててやったんだよ」という上司も、これと同じタイプです。

アドラーは、こういった行動に対して、厳しい言葉を放ちます。

*33「優越コンプレックスという、安っぽく、見かけだおしの優越性を成長させることで、人は自分自身の不十分さや、無能力を隠そうとする」

カウンセリングやコーチングの過程で、クライアントになかなか思うような成長や変化が見られないことがあります。このときのもどかしさは、まったくいいようのないもので、たいへんな忍耐力が必要になります。これは、クライアントのことをよく理解できていないために起こる問題です。「私には能力がないのではないか」と悩まされることも、しばしばです。もちろん、アプローチのしかたを改善する必要があります。

ところが、これは私自身のことなのですが、成長や変化がまったく見られないときに、「それはクライアントの責任である、彼自身の認識不足、努力不足だ」と考えたことがありました。「こちらは、これだけ真剣にやっているのに、なぜ応えようとしてくれないのか」というわけです。これなどは、典型的な優越コンプレックスのあらわれといえるでしょう。自分の劣等コンプレックスを優越コンプレックスで補償しているにすぎません。

実際のところ、自分を認めてもらいたい、自分の評価を上げたいという目的で、他者の評価を下げる手段を用いる人の評価は下がる一方です。

また、虚勢を張る人も、強い劣等コンプレックスを持っており、「周囲が自分を軽視している、低評価をしている」という幻想にとらわれています。そして、虚勢を張ることで、その感覚を補償しているわけです。

20. 軽蔑《けいべつ》傾向　Depreciation Tendency
「あの人って、なんか性格悪そうなんだよね」

大学生のころ、クラスメートの仲間のうちのひとりが、ある女性にひと目ぼれをしたことがありました。その相手は、とてもきれいな人でした。これは高嶺《たかね》の花なのかとその友人もあきらめムードでしたが、なんとかデートにこぎつけたのでした。

初回のデートはとても楽しかったようで、あらためて好印象を得たと友人はうれしそうに語っていました。大学の学食でも、ふたりで食事をしている姿を見て、これはうまくいったのではないか、とほかの友人たちとも安堵《あんど》していたのです。

それからすぐ彼から電話があって、相談をしたいと暗い声でいいます。待ちあわせの場所に行くと、彼をふくむ友人たちがすでに集まっていました。告白をしたらフラれてしまったようでした。私たちは、「これはかりはしょうがない」「またいい人に出会えるよ」などと励ましたのですが、あきらめきれないようでした。

そのとき仲間のひとりが、「それに、あの人って、なんか性格悪そうなんだよね。つきあっていても、苦労したと思うよ。だから、もういいじゃん」といったのです。すると友人は、「そうだよね……」と納得し、私たちはつぎの授業へと向かったのでした。

イソップ寓話《ぐうわ》のひとつに、「キツネとブドウ（すっぱいブドウ）」があります。キツネが森を歩いていると、とてもおいしそうなブドウが木になっているのを見つけました。キツネはそれをとって食べたいのですが、どれも高いところにあって、いくらジャンプしても届きません。何度もチャレンジをしましたが、身体が小さいこともあって、結局手に入れることができませんでした。

キツネは悔しさをまぎらわせるように、「あのブドウはまだ青いし、どうせすっぱいに決まっている。食べられたもんじゃない」といい、去っていきました。

これは、フロイト心理学でいうところの防衛機制のひとつ、「合理化」というものです。手に入れたくてたまらないのに、あらゆる努力をしても手の届かないものを目の前にしたとき、または、目的や欲求を達成できないとき、いまある現実と期待したものとのギャップを埋めあわせるために、自分自身にとって都合のいい解釈をすることです。「すっぱいブドウ」(Sour Grapes) には「負け惜《お》しみ」という意味もあります。

自尊心や自分自身の優越感を守ったり、上げたり、また新たに得たりするために、他者や対象の短所や欠点、よくない点、悪い状況をアラ探しする――この行動を「軽蔑傾向」といいます。本人は、そのことで自尊心や優越感を得られないと認識しているので、正当化の作用を起こすのです。

フラれてしまった友人は、「あの人って、なんか性格悪そうなんだよね」のひとことで自尊心を守ることができたのかもしれません。そしてそれは、手に入れることのできないブドウを「すっぱい」といっているキツネと同じ発想でもあります。

「優越コンプレックス」の項でもあげたような、人の悪口をいう人にも、この軽蔑傾向があるといえるでしょう。「他者を軽蔑することによって自分を守る」――これは勇気をくじかれた人や神経症的な人の発想なのです。「友だちといっても、しょせん他人だから」「私と友人になってくれる人なんか、いないんだ」というのも、この他者への軽蔑傾向の例です。

アドラー[*34]は、カウンセリングの現場においても、他者への軽蔑傾向があらわれる場合があるといっています。クライアントが、カウンセラーや心理療法の指導者の行動や人物を疑ったり、あんに批判をしたりすることです。与えられた課題をしてこなかったり、たびたび予定の時間に遅刻をしたりするのも、その意識のあらわれです。そして、症状の再発を心配し、症状に固執《こしつ》するようになるといいます。

クライアントの行動は、カウンセラーに対して「おまえなんか、信用するもんか」という「抵抗」の状況を示します。この原因のひとつとして、クライアントとカウンセラーとのあいだで、「目標」が同調していないことが考えられます。

軽蔑の対象は他者だけではありません。軽蔑傾向には「自己軽蔑」Self-Depreciationがふくまれます。

「私って、しょせん女だから……」
「といわれましても、アルバイトですから……」
「オレって、身体が小さいから……」

シカゴ・アドラー心理学大学院の創設者のひとりであり、代表的なアドレリアンでもある、バーナード・シャルマンは、こういいます。

「自己軽蔑を用いる人は、自分自身を非難し、責めるフリをしているにすぎない。この自己を軽視し、自己を過小評価する行為は、他者からの攻撃や罰から逃れる助けをするであろうから……」*35

つまり、自己軽蔑をする人は、「私って、この程度のもの……だからそれ以上は期待しないで」というように、防衛線を張っていると考えられます。うまくいかないことに罪悪感を持ち、その責任から逃れるために、手段としての自己軽蔑を使用しているのにすぎません。

また、これと似たようなものとして、何か仕事を依頼されたときに「いちおう、やってみます」という人がいます。以前の私が、そうでした。これは、「努力はしてみますが、うまくいくかどうかは期待しないでください」という意味です。

その結果、実際にうまくいかないと、心のどこかで相手のせいにしてしまいます。「そんなムリをいうからだ」「私なんかに頼むからだ」というわけです。自己軽蔑と他者への軽蔑傾向は、表裏一体のものといえるでしょう。

日本人には、ひかえめな態度をあらわす謙遜《けんそん》の文化があると、一般にいわれています。この〝美徳〟も手放しで称賛できるものなのかを見直さなくてはなりません。

インターンシップの募集申しこみには、履歴書に加えてカバーレターが必要です。私はこのカバーレターに、インターンシップ先での自分の目標と、貢献できること、そして自分の短所を書きました。提出前に、大学院でのアドバイザーに添削してもらったところ、「短所は書いちゃダメ」といわれました。「あなたが貢献できること、長所だけを書きなさい」というのです。

そのとき、日本人である私にとって、自分の長所だけをあげて短所を述べないことは、おこがましいことのように思えました。〝謙遜なし〟の自己紹介に違和感を覚え、とても居心地が悪かったのです。ですが、いま思えば、私はこの謙遜の表現を盾《たて》にして、どこかで「しょせん留学生ですから、あまり期待しないでくださいね」という、自己軽蔑をふくんでいたということです。そして、謙遜しながら、責任の回避を試みていたのかもしれません。

「勇気」のある人——社会に関心を持ち、十分な「共同体感覚」を持つことのできている人は、目の前のライフタスクに向きあい、「克服」することだけに集中しています。その「目標」達成へのプロセスに自分の時間の大半を奪われているので、他者への軽蔑、自己への軽視や過小評価などにおちいっているヒマはありません。簡単にいえば、軽蔑傾向を持つ人は、ヒマなのです。目標やその克服が、最初から頭の中にないからです。

どれだけ他者を軽蔑し、自分自身を軽視したとしても、現実は変わりません。それより、いまある現実の課題に少しでも向きあうことが何よりも近道です。

21. 私的論理 Private Logic
「普通、そうだよね?」

「エスカレーターの右側に立っていたら、後ろから来た人にオマエ邪魔《じゃま》だといわれちゃったよ」

「えっ? エスカレーターの右側を空けるのは、常識でしょ?」

「そうなの? そのときは左側も空いていたんだよ。左から追いぬけばいいだけじゃない。それに大阪では、左側を空けていたんだよね」

「ここは東京だから」

「大阪では左側を空けて、東京では右側を空けろってこと?」

「普通、そうだよね?」

「じゃあ、名古屋ではどっちを空ければ?」

「……」

やたらと、「普通」「常識」「あたりまえ」「基本」という言葉を用いる人がいます。「普通、そうだよね？」「それが、常識でしょ？」を言葉どおりに解釈すれば、「あなたの考え方は一般的ではない」と批判していることになります。そして、その〝普通〟は本当に普通なのか、その〝常識〟は本当に常識なのかという問題が出てきます。

アドラー心理学には、「私的論理」という概念があります。これは、人であるかぎり、それぞれが特有の個人的な論理（ロジック）――「何を信じているのか」「何を望んでいるのか」といった信念を持っていることを示しています。その信念があるからこそ、私たちがすること――つまり、あらゆる行動や感情の理由がつくのです。

私的論理をもう少しくわしく説明すると、つぎのようなものであるといえます。

・自分自身のこと（私は、どんな人間なのか）
・他者のこと（あの人たちは、どんな人たちなのか）
・世界のこと（この世界とは、どんなところなのか）

・人生が自分自身に要求していること（私が私でいるため、私が私であるため、自分自身の居場所があると感じられるために、私は何をしなければならないのか）

私たちは、現象学的な世界に住んでおり、これらの理解のしかた、認識のしかたは、主観的なものです。たいていの場合、あやまちや誤解がひそんでいますが、私たちはそれに気づきません。そこには、無意識的な信念、思考、思想、理念、目標や意図といったものがふくまれており、人によって微妙に違います。

そして個々の人は、この自分自身の私的論理――個人的なロジックをもとに生きており、それによって構築された世界が「まるで現実であるかのように（As If）」考え、行動することになります。

いわゆる個人的なロジックは、現実的なものではなく、重要な問題や真実とは関連性のないことが多いように思われます。というよりも、たいていの場合は、自分のライフスタイルに合うように、そして自分自身の正当化のために、個人的なロジックを持ちだしているにすぎません。男性アイドルグループの新ユニットを「知らないの？」といっていた女性がこれにあたります。

しかし、すべての私的論理が悪いわけではありません。それはあくまで、社会にとって「無益な側面」を持つのか、それとも「有益な側面」を持つのかによって判断されるべきでしょう。一般に、社会にとって有益なものであり、自分自身にとっても他者にとっても有益なものを「共通感覚」Common Senseといいます。

共通感覚は、広い共同体の中で、あるものごとへの理解のしかたや認識のしかたに見られる、共通した感覚です。「何が正しくて、何が悪いのか」「人は何をすべきか、何をするべきでないか」――100人いたら、だいたい90人以上の人が納得するような理解や認識といえます。

ですから、この共通感覚と私的論理が合致している場合もあるのです。ただし便宜的に、2つの言葉を使いわけるのが、わかりやすいでしょう。社会にとって無益なものが私的論理、有益なものが共通感覚です。

たとえば、子供がたくさんいるところではタバコを吸わないというのが共通感覚、喫煙室でタバコを吸っている人を見て嫌悪感を示すのは私的論理です。

難しいのは、冒頭にあげたような「東京ではエスカレーターの右側を空け、大阪では左側を空ける」といった例です。東京に住む人の9割以上が右側を空け、大阪に住む人の9割以上が左側を空けているのであれば、それは共通感覚であるかのように思われます。

ところが、「エスカレーターに乗るときは、右側（左側）を空けてください」や「子供がたくさんいるところで、タバコを吸わないでください」「電車の中で大きな声で通話しないでください」というのとは、少し違うような気もします。

原則をいえば、エスカレーターは立ちどまったまま乗るべきものです。急ぎ足で移動する人がいたら危険だというので、駅の案内もそうなっています。とはいえ、「これは〝建前〟だから杓子定規《しやくしじようぎ》に守る必要もないだろう」という考えが一般的になっているのも事実です。いわば世論、あるいは「暗黙《あんもく》の了解《りようかい》」といわれるものです。こうして社会一般が求める合理的な考え方を優先する場合が多いのです。

一般性や合理性を優先しているものの、場合や状況を見ながら臨機応変《りんきおうへん》に持っているのが共通感覚です。私的感覚と私的論理があって、共通感覚があるのに、共通論理がないのは、そのためかもしれません。つまりこの感覚は、いつでもどこでも通用する普遍的なものではありません。そのとき、その場所で選択される適切な感覚です。
すると、もっと大きな次元で普遍的な尺度が必要になってきますが、それが「共同体感覚」であると考えれば、わかりやすいのではないかと思います。人の認知のプロセスには、私的論理と共通感覚が影響していますが、これらは共同体感覚にてらして選択されるべきものともいえます。

混雑している場所で、急いでいる人に道を譲るのは、他者を思いやる気持ちのあらわれです。その一方で、「普通だ、常識だ」といって他者に押しつけるのは、きわめて個人的な思考や感情のあらわれでしょう。習慣化されたものをただ信じこむのではなく、それを正しいとする根拠が必要ですが、実際の私たちは、かならずしもそうなりません。

シャルマンは、つぎのように指摘します。

[*36]「もし、私的現実と他者との共通認識のあいだに、認知的な不協和《ふきょうわ》が発生したら、人は共通認識よりも私的現実をより好むことだろう。そして、その私的現実にしたがって行動することになる」

ここでいう「私的現実」は私的論理を通して見た現実のことです。「他者との共通認識」は共通感覚です。私的論理と共通感覚が衝突したら、人の判断は私的論理にゆだねがちであるというわけです。しかし、この「他者との」という部分が重要です。自分自身だけでなく、他者が基準にされていなければ、どんなにもっともらしいことをいっても、共通感覚を持ったとはいえません。それは、もっともらしく見える私的論理です。

こんなたとえ話があります。ジョニーとその父親が散歩をしていました。そこへ1匹の犬が走ってきて、大きな声でふたりに吠えます。ジョニーは走って逃げ、近くにあった木の裏へと隠れました。そこで父親が、「ジョニー、吠える犬は噛《か》まないものだよ」といいました。そして、ジョニーは木の裏から「うん。僕もお父さんもそれをわかってはいるけど……でも、その犬はわかっているのかな？」

ドライカース*37によると、このジョニーは、父親の見解を頭の中では理解したものの、行動に結びつけるまでには信じてはいない――そこには「知識的理解」と「感情的理解」のギャップがあると説明しています。知識的理解として「吠える犬は噛まない」という感覚

（共通感覚）がありながらも、感情的理解、すなわち私的論理にしたがって行動してしまったことになります。

ただし、これはたとえ話であって、実際には「吠える犬も噛む」かもしれません。

現実的な話をしましょう。自然災害で大きな被害が出て、何か私にも貢献できないかと考えます。すぐ駆けつけて手助けできればいいのですが、それもできないとなると、募金に応じて金銭的な援助をしようと考えるでしょう。これが、知識的理解であり、共通感覚です。ところが募金箱にお金を入れようとして、感情的理解が頭をよぎります。

「この募金は本当に困っている人のもとに届くのだろうか。ピンハネされて天下り職員の給料になってしまうのではないだろうか」

「私が1000円募金したところで、たいした役には立たないだろう」

「私自身、現地のボランティアに参加できない状況を、少しばかりの募金でごまかそうとしていないだろうか」

「結果として、私よりお金のある人のもとにいったら、むしろ不公平ではないか」

知識的理解と感情的理解が不一致を起こしたとき、私たちは私的論理をもとに行動することになるでしょう。つまり、感情を優先しがちです。その誤りをおかさないためには、まず自分の中にある私的論理の存在に気づかなければなりません。

アドラー心理学には、「基本的な誤り」Basic Mistakesという概念があります。アドラーはErrorという言葉を用いていましたが、ドライカースがこれをMistakesに改め、いまはそちらが通用しています。

基本的な誤りは、自分自身や世界に対しての認知のしかたが不合理であったり、非現実的であったりすることです。その誤った見解は、勇気をくじき、成長をさまたげ、結果として社会に対する非建設的で破壊的な行動をまねきます。それは、誤った信念ともいえるものです。

そして、それはしばしば、利己的で権力的な思考・行動や、回避、退却を示唆したものとしてあらわれます。ドライカースとモサックが、5つの基本的な誤りをあげています。

1. 過度の一般化――「(すべての)人は敵意に満ちている」「世界は(つねに)危険である」
2. 安全性についての誤り――「一度の失敗ですべてが終わる」「私はすべての人を喜ばせなければならない」
3. 人生や人生の要求に対する誤った見解――「人生はけっして私に休息を与えてはくれない」「人生はとても厳しい」
4. 自己価値の否定や過小評価――「私はバカな人間だ」「私はただの主婦にすぎない」
5. 誤った価値観――「バカなやつらは無視すべきだ」

「エスカレーターの右側に立っているヤツは、暗黙の了解を守ることのできない邪魔者でしかない」という見方は、けっして共通感覚ではなく、この基本的な誤りにとらわれているものと考えられます。

22. 相互尊敬・相互信頼　Mutual Respect & Mutual Trust
「おたがい、信頼しあいましょうね」

テレビのある番組で、よい人間関係を得るコツを紹介していました。それは結局のところ、相手を尊敬し、信頼することだといいます。ウンウンとうなずいて見ていましたが、その番組は最後に、「ですからみなさんも、おたがいに尊敬し、信頼しあいましょうね」という言葉で閉じられました。このひとことで、それまでのいい話がすべて台なしです。

アドラー心理学にも、よい人間関係を構築するために必要な「相互尊敬・相互信頼」があります。ですが、この概念は、大きな誤解をまねく可能性がありますので、説明を加えておく必要があるでしょう。とくにMutual（相互の）という言葉を日本語に訳したとき、この誤解は起こります。

多くの日本人は、これを「おたがいの」と訳すでしょう。たしかに「相互の」というのは、ちょっと硬くて、無機質な表現に思われます。では、「おたがいの」と表現された場合、一般的にはどういったニュアンスが生まれるでしょうか。「私は相手を尊敬（信頼）している」――そして、「相手も私を尊敬（信頼）している」――そういう関係です。つまり、「尊敬しあい、信頼しあう」という関係を意味しています。

ところが、これはMutualという言葉の意味を正しくあらわしていません。この言葉は、私と相手とのあいだに「尊敬（信頼）する関係がある」――ただ、それだけの意味なのです。極端にいえば、そこには、「私は相手を尊敬（信頼）しているが、相手は私を尊敬（信頼）しているとはかぎらない」し、その一方で、「相手は私を尊敬（信頼）しているが、私は相手を尊敬（信頼）しているとはかぎらない」という関係までがふくまれています。

ようするに、両者のあいだに何かしら尊敬（信頼）の関係があるということなのです。

「A社とB社には取引がある」といったときに、かならずしもA社はB社から商品を買い、B社もA社から同じ額だけ商品を買っているわけではありません。それと似ています。

アドラー心理学の相互尊敬・相互信頼でいちばん大切なことは、「自分自身を尊敬（信頼）するとともに、相手を尊敬（信頼）する」という意味です。「相手が私を尊敬（信頼）する」かどうかが、条件にはなっていません。

ですから、これを「おたがいに尊敬し、信頼しあいましょうね」と理解してしまったら、相手からの尊敬（信頼）を強要していることになりませんか。「私があなたをこんなに尊敬（信頼）しているのに、あなたは私を尊敬（信頼）してくれないのか」と求めていることになりかねません。

それは、一般的な「ギブ・アンド・テイク」の正しくない関係（ギブしてやったのだから、テイクして当然）です。「0：100なんて、とんでもない。60：40でも足りないくらいで、あなたは50：50（フィフティ・フィフティ）に近づける努力をすべきだ。それをやらないのであれば、あなたが悪い」というわけです。

私たちの日常の人間関係では、友人関係だけでなく、恋人どうしの関係、夫婦関係において、この傾向はより多く見かけられます。「私はあなたの誕生日にプレゼントをしたのに、あなたといったら……」「オレは外でかせいできているんだから、オマエは家事をちゃんとやれよ」「共働きなんだから、家事もフィフティ・フィフティ」——こういった関係の強要に、相互尊敬・相互信頼はありません。

23. まるで……のように　As If
「私って、男運がなくて……」

8年ほど前、東京・飯田橋《いいだばし》の教室までカウンセリング研修コースを受けに通っていたときのことです。休憩時間にそこの喫煙室でタバコを吸っていると、ひとりの女性が話しかけてきました。その人とは同じコースだったので、何度か軽い世間話をしていましたが、親しいというほどではありませんでした。

彼女は、「あなた、自分のことが好き?」と私に聞いてきたのです。心では「よけいなお世話だよなぁ」と思いながら、「いや〜、どうですかね」と答えると、「私ね。あなたと話をしていて、あなたが自分のことが好きだとは思えないの。あなたは自分のことが嫌いでしょう?」といいます。そして、「もっと自分のことを好きになったほうがいいわよ」といい残して喫煙室を出ていきました。

そのできごとを友人に話しました。「さすがカウンセラーになるような人はユニークな人が多いね」くらいの反応があるものと思っていたのですが、友人のそれは意外なものでした。「いや実は、オレも自分のことが好きになれない」と、何か思いあたるふしがあるかのような表情で答えました。そして、「だから、いつも人の輪に入っていくのが苦手で困っている」と話を続けたのです。

アドラー心理学には、「まるで……のように」(As If)という概念があります、これは、哲学的な意味合いをこめたカウンセリングの技法のひとつとして用いられています。

アドラーは、この概念をドイツの哲学者、ハンス・ファイヒンガーの著書『As If の哲学』からヒントを得ました。人間は、主観的に、創造的に、無意識的に、自分自身がつくりあげた「目標」に向かって生きていくが、そのさまをあたかもフィクション小説のように(As If：まるで……のように)して描く生きものであると考えました。

「自分のことが好きになれない」という友人は、「まわりの人たちもこんな自分を好きであるはずがない」という、「私的論理」を持っていました。そのため、他者と接することに不安とおそれをいだき、距離をおくようになり、なかなか輪に入っていけないということのようです。そう自分をとらえる一方で、彼は、「自分はすべての人に好かれたい」という目標も持っていました。

何だか矛盾しているようにも思えますが、彼の中では、それらをつなぐストーリーができています。そして、そのストーリーにしたがって、毎日「まるでそのようであるかのように（As If）」ふるまい、行動しているのです。つまりは思いこみ、私的論理です。

「私って、男運がなくて……。それで、いつもダメ男ばかりとつきあってしまうんです」と首をかしげている女性も、これと同じ状況です。だいたい、誠実な男性とめぐりあう運などあるはずがありません。自分で描いたストーリーに自分自身をあてはめるために、あえて〝ダメ男〟を選んでつきあっているのです。

なぜなら、そうすることが彼女にとって都合がよいからです。こういう人はもしかすると、目標じたいが「誠実な男性とめぐりあう」ことではないのでしょう。「私は悲劇的な人間であるはずだ」という自分の理想像をつくりあげることを目標にしていて、そのことにより、まわりから注目や同情を得たいだけなのかもしれません。

また、「いつもダメ男ばかりとつきあってしまう」ということにしておけば、相手の男性とひどい別れ方をしたときの担保にもなります。その相手がダメ男であったなら（ダメ男ではなくても、いろいろアラ探しをしてダメ男にしてしまいますが）、こちらが軽蔑をして別れることができます。責められるのは向こうであって、私ではありません。これで自尊心が保てますし、友人からも「悪いのは、じつは私である」ということを悟《さと》られずにすみます。

こういった人は、もし誠実な男性から好意を持たれたとしても、「私にはもったいない」「幸せになるのがこわい」などといって、逃げだすはずです。友人たちは「え、何で？」と思うのですが、彼女はいままでどおりのストーリーを維持するほうを選ぶでしょう。それが破壊されてしまうと、もはや自分ではなくなりますから、新しい自分をつくらなくてはなりません。これはたいへんです。

このAs Ifは、もちろん悪い例ばかりではありません。そこで、アドラー心理学のカウンセリングの技法としても用いられています。クライアントが持っている特定の信念をいったん捨ててもらい、それとは異なった、新たな信念を持つフリをして、そちらがまるで本当の自分であるかのように一定期間、実践してもらうのです。

たとえば、「自分のことが好きになれない」というクライアントに対して、つぎのようなやりとりをします。

「自分自身がなりたい自分になったとします。どんな自分ですか」

「自分のことが好きな自分です」

「そうなると、いままでのあなたとは何が違いますか」

「仲間たちから好かれています」

「では、あなたのほうは、どうですか」

「私も仲間を尊敬しています」


そして、1週間後やつぎに会う日までという期限をもうけて、「私は仲間を尊敬している」ということが、まるで真実であるかのように行動してもらうのです。

もっと簡単な方法として、すでに実在している人にならう方法があります。身近に尊敬できる存在がいれば、その人になりきればよいですし、有名人や過去の偉人、スーパーヒーローでもいいから探してみましょう。そして、その人になったつもりで行動するのです。くれぐれも「外観だけをそっくりにマネて、中身は……」ということにならないように注意してください。

友人たちと実際にそのように接することによって、かならずよい体験が得られます。これまで自分を支配してきた思考や論理が、きわめて個人的なものだったということがわかります。そして大切なのは、実践することであると知るでしょう。

また、つぎのような質問も効果的です。

「あなたは、自分が望む姿となりました。いまから数カ月後、友人に会ったとします。その友人はあなたを見て、どんなところが変わったというでしょうか」

私は、アドラー大学院でのクラスにおいて、プレゼンテーションをするときには、きまって「ネイティブの発音で英語を話す人であるかのように」演じました。日本人ですから、英語の発音が悪いのも、あるていどはしかたがありません。相手に通じないことも多くありました。しかし、発音が悪いからといって、申しわけなさそうにボソボソとしゃべっていたら、よけい聞きとりにくいのです。向こうも、「どうせ留学生だから」という目で遠慮するようになります。これでは進歩がありません。

まるでネイティブであるかのようにふるまう（最初のうちはフリでいいのです）ことによって、まわりもそういう目で見ますから、上達します。すると、発音、音量、トーンだけでなく、姿勢や態度にも自信があるように見えたようです。私が言葉の習得に前向きであることがわかると、発音の間違いとかも積極的に指摘してもらえます。そのうちプレゼンテーションの終了後に、クラスメートたちから上達を喜んでもらえるようになりました。

話を戻しましょう。「自分のことを好きになる」とはどういうことなのでしょうか。

多くの人は、「自分のすべてを好きになれる」ように、また「自分の嫌いなところを改善する」ように努力をすることだと考えるかもしれません。でも私は、自分の嫌いなところがあっていいと思うのです。

ただし、人の意見に合わせる人、誰が見ても感じのよくない人なのに「自分のことが大好きです」と断言している人がいますが、これはどうなのでしょうか。むしろ「自分には嫌いなところがある」ことを認め、それを「劣等感」として受けいれるところからスタートするほうが、よいのではないでしょうか。

3章　愛のタスク

24. 協力 Cooperation

「夫は外で働き、妻は家を守れ」

ミネソタ在住中は、働いている既婚女性に数多く会いました。アドラー心理学大学院学生の男女比率も7：3で女性が多く、30代後半の女性がこれから仕事をバリバリやっていこうとしていましたし、すでに仕事につき、あるいはインターンをしている女性もいました。また、私の友人によると、職場の上司はほとんどが女性ということでした。

まだまだ差別社会といえるアメリカですが、女性の社会進出はまったく自然な状況でした。男女の雇用の格差はありません。大学や大学院は、入学の年齢的な制限もありませんので、社会に出てから学位を取得し、キャリアのステップアップにとっても積極的な教育システムになっています。

それから一般的なアメリカ人は、自分自身の仕事と同等に、いやそれ以上に、夫婦や家族との時間を大切にします。そういった文化的背景から、女性が仕事をしていても、夫婦や家族についやされる時間は、あるていど確保されています。

これをいますぐ日本で実現するのは、難しいのかもしれません。また、そうすべきだとも思っていません。人にはそれぞれ、夫婦にはそれぞれの考え方があって当然でしょう。専業主婦がうまく機能している家庭に対して、外部の人間が「なぜ妻が働きに出ないのか」というのは、主義の押しつけになります。

アメリカの社会システムを引きあいに出したのは、よいところを学ぶためです。重要なのは、夫婦がたがいに納得して「協力」できているかという点と、考え方を行動に移せるための選択肢があるかという点でしょう。大学・大学院などの公的な機関、社会的な立場をになう大企業などは、こういった選択の幅を想定した対応を用意する義務があると思います。

この考え方の中では、「専業主婦」も、夫婦が協力して導きだした選択肢のひとつとなります。「夫が妻をしばりつけておきたいばかりに働かせない」「妻が働きたくないばかりに専業主婦にこだわる」——こういった状況では、夫婦間の協力がおこなわれているとはいえません。外観は専業主婦として機能していても、夫婦間に大きな亀裂が生まれているかもしれないのです。

協力は、アドラー心理学においてとても重要な概念です。愛のタスクだけでなく、仕事のタスク、交友のタスクにおいても、この概念は、共同体感覚を表現する行動のもととなります。人間は、社会的な生きものであり、すべての問題は社会的な問題ですから、協力していくことが前提です。夫婦は、それを実践する社会の最小単位です。

アドラーは、つぎのようにいいます。

*38「愛とは……ふたりの人間にとってのタスクである。私たちは、ひとりで仕事をし、活動をすることについては教育を受けてきた。また、チームやグループで仕事をし、活動をすることにおいても教育を受けてきた。だが、男女ふたりで仕事をし、活動をするという経験は、一般的には非常に希薄である」

夫婦の協力はそれだけ難しいということを、アドラーが示しているのです。「仕事上の関係にくらべたら男と女の関係なんて楽なもんだ」と考える人がいるかもしれませんが、とんでもない誤りです。仕事のタスク→交友のタスク→愛のタスクと、どんどん難易度は高まっていきます。

ですから、「なんであなたは協力的じゃないの?」のひとことで片づけられる問題でもありません。この言葉の裏には、「あなたは私の望むようにしてくれないのね」という、皮肉まじりの感情の押しつけがあるからです。

夫は妻の要望に最大限に応《こた》え、そして、妻も夫の要望に最大限に応えることで、協力関係が生まれます。夫はお金を運んでくるから、家事や子育てはいっさいしなくていいということではなく、また妻は家事や子育てをしているから、夫の仕事の内容には興味がなくてよいというわけでもありません。おたがいが役目をまっとうできる環境を整えることに努力しあうということです。

このようにごく一般的な話をしても、どこか理想論のように聞こえてきます。それが、夫婦の協力の難しさを物語っているかのようです。とくに日本人の家族観、夫婦に求める日本の社会構造においては、アドラー心理学がいうところの協力とはかけ離れたものが多いように思われます。

このときアドラー心理学で重要になるのが、平等性を社会的な観点から考えることです。アドラー自身、マルクスの共同体主義に興味を持っていたので、平等というものを強く主張しています。

ところが、多くの人が平等の概念について誤解をしています。この平等は、「同じである」ことと同じ意味ではありません。世の中の人間が「みんないっしょ」であるわけでなく、同質でもありません。平等とは、まず自分と他者との違いを認めることから始まるのです。

たとえば、１００キロ分の荷物をあなたと身体の不自由な人がいっしょに運ぶとしましょう。あなたは50キロ分だけ運んだところで腰をおろし、「オレの分はもう運んだよ。あとはよろしく」というでしょうか。これを同じ量の仕事をしたとはいっても、平等に働いたとはいいません。ただ、この不平等は、まだ多くの人が理解できるのです。しかし、男女のあいだの不平等はなかなか理解できにくいものです。

平等とは、すべての人をそれぞれが唯一の存在として認め、能力や感覚の違いがどうであれ、絶対的に価値がある一個の存在であることを受けいれることです。そして、この唯一性としての価値を持った私たちは、同等の権利を持っていると考えます。この同等の権利というものは、自分自身にも、いかなる他者にも同じ権利を与えることであり、同時に、人それぞれには違いがあるので、社会的責任のレベルもさまざまであることも認めなければなりません。

たとえば、親と子供であれば、両者には社会的責任のレベルにおいて大きな違いがあります。「お父さんはいいのに、何でボクはダメなの?」と聞かれたら、責任のレベルを説明しましょう。それは、親が「息子は野球をしているのに、オレは何で休みの日も仕事なんだ」といってはいけないことと同じです。

このような関係が夫婦のあいだにもあるわけです。唯一性と権利、そして社会的責任を考慮に入れながら、相互に尊敬と信頼を持って接していくことが、夫婦間の平等主義であると考えています。

ですから、妻が「仕事をしたい、続けていたい」と望むのならば、夫はこの主張に意識をくばり、その権利を認める勇気を持つことが必要でしょう。そして、このときの平等性は、何も仕事の量や質が等しくなければならないわけではありません。夫婦の一方（夫とはかぎらない）が外で朝から晩まで仕事をし、他方（妻とはかぎらない）は家事を午前中に終わらせて残りの時間はテレビを見てゴロゴロしていたとしても、両者がそれでよいと思えるのなら、それでいいのです。このことについては、「対人関係論」の項でも見ていきます。

フェミニスト（男女平等主義者）でもあったアドラーは、男女関係について踏みこんだ研究をしていました。彼の論文『人生と神経症における心的両性具有性』でも、「男性性」と「女性性」が言及されています。アドラーは、男性優位社会の中にあって、「男性支配、女性服従」の危険性を主張しつづけた人でもあります。

当時は社会的に見て、男性性は、攻撃的、積極的、行動的、権力、優越、力強さ、勇敢、強い意思、裕福などの言葉であらわされていました。一方の女性性をあらわす言葉は、貧弱、妥協、恐れ、従順、服従、臆病などです。

女性性は男性性に劣っていると考えられていたため、世の女性たちはこの考え方を拒否し、「男性のように」ふるまいたいと訴えるようになりました。一方で、世の男性たちは男性性を満たす「真の男性」になることを渇望《かつぼう》するのですが、その裏では「本当にそうなれるのだろうか」という不安やおそれをいだくことになります。

こういった男女の劣等感をアドラーは、「マスキュリン・プロテスト」Masculine Protest と表現し、劣等感と補償の概念が当てはまるものとして説明しました。男性は真の男性になることへの劣等感をいだき、女性は男性のようになることを望み、その劣等感を克服し、平等性を感じるよう求める動きです。

アドラーはウィーン大学生当時、友人たちとコーヒーショップで頻繁に交流をはかっていましたが、そのひとりが、のちの妻になるロシア人、ライーザ・エプステインです。ライーザは独立心が旺盛《おうせい》な人で、フェミニストの政治的活動を積極的におこないました。アドラーのマスキュリン・プロテストと男女平等についてのアイデアは、彼女の存在が強く影響したといわれています。

マスキュリン・プロテストを日本語におきかえるのはとても難しいのですが、直訳では「男性的抗議」、意訳すれば「男性性の主張」となるでしょうか。シカゴの大学院で教授をしていたパワーズとグリフィスは、*39 男性は「真の男性として見てほしい」、女性は「男性としてあつかってほしい」という主張をしているといいます。

現在、この性的役割というものの再確認が必要となっています。アドラーは、このマスキュリン・プロテストが進むと、少子化や晩婚、そして弱男性が見られると、当時から予見していました。いままさにこの状況が実現しています。女性が男性性を望み、その特権を得ることによって、こういった現象が起こっているのです。

アドラーの息子、クルト・アドラーは、彼の論文につぎのような父の言葉を引用しています。

*40「男性の持つ権力は、男女両者の性愛の享楽《きょうらく》を奪うことになり、より発展した文化においては、女性は、女性の役割にそむき、抵抗、反乱という行動をまねくことになる。……男性の持つ権力は錆《さ》び落ち、女性から逆に服従や従順を要求され、その流れをいわば自然の摂理《せつり》だと主張するときが来るだろう」

従来の「男性はこうであるべき、女性はこうであるべき」という概念が崩れたいま、「フェミニン・プロテスト」ともいうべき現象が生まれているのかもしれません。女性性というものが、以前の男性性に代わって社会的に認められ、優位に立っている（立とうとしている）という状況です。

これは新たな時代の幕開けを意味しているのかもしれませんが、こういった運動も、振り子の原理のように行ったり来たりするのではないかと思っています。男性優位、女性優位の両極があって、かつて男性優位の極にあった振り子は、いま女性優位へと振られようとしている状態です。これが女性優位の極まで達すると、また自然と男性優位のほうへと振られていくことでしょう。その振り幅がしだいに小さくなり、やがて真ん中で止まる状態が来れば、それが真の意味での平等です。そのときが来るまでは、まだひとつの現象であり、過程にすぎません。

私たちのライフスタイルは、６歳ごろ（現代のアドラー心理学では10歳）までに確立されるわけですが、子供は成長するにつれて、男性像、女性像というものの印象をつくりあげていきます。それらは、創造的かつ現象学的（主観的）であり、ユニークなものです。

ここで、「性的指針」Gender Guiding Lines、「役割モデル」Role Models というアドラー心理学の概念を紹介しましょう。

これは、一般的には父親と母親のかかわりあい方をベースにしています。そのほとんどは無意識的なものですが、やがて、ほかのカップルや結婚のモデルには意識的に関心が行くようになります。

パワーズ[*41]とグリフィスが、以下のとおり、性的指針と役割モデルを用いて、男性性と女性性の形成のしかたを説明しています。

まず、子供のころの父親と母親のイメージが、「ひとりの男性になること、ひとりの女性になることとは、何を意味しているか」という基準をつくります。ここで、「男の子は真の男性になるべき、女の子は真の女性になるべき」といった社会からの期待や要求を感じるでしょう。そして、彼（彼女）の父親とほかの男性、母親とほかの女性とを見くらべながら、類似点や相違点を考え、つくりあげられていくのが「性的指針」です。このとき、同じ性の親が基本となります。

もし、この創造的につくりあげられた性的指針に対して、違和感を覚え、魅力的とは感じられない場合も、たとえばそれが女の子なら、「大人に成長しても、もし何もしなければ、自動的に母親のようになるんだ」というように運命的にとらえるものだとしています。これらは、「私的感覚」となりますが、意識的なものではありません。

もうひとつの「役割モデル」は、性的指針とは異なり、幼少時代、もしくは青年時代に意識的に選択され、もしくは拒絶されたものです。つまり、「成長したら、私はこのようになりたい（私はこのようになりたくない）」というものです。そして、これは性的指針による運命的な呪縛《じゅばく》から逃れるための選択ともいえます。男性性、女性性の性質をより広げるものとなります。

このとき、「私はこのようになりたい」はポジティブな役割モデルであり、そのまま親の性質をとりこむことになるでしょう。

その一方、「私はこのようになりたくない」はネガティブな役割モデルであり、親の性質を拒絶することになります。もし、同性の親が拒絶され、ネガティブな役割モデルとなったならば、自分自身の男性的（女性的）行動にも違和感を持つようになり、愛のタスクや性的機能を表現するうえで、ときに困難や不快感を覚えることになるでしょう。

ある男性Aの父親は、頻繁に乱暴なふるまいをしていました。ケンカが原因で仕事をやめたこともあり、家では子供や妻に暴力をふるっていました。

Aが16歳になって、両親のケンカの仲裁に入ったとき、父親を殴り倒したことがありました。「お母さんをひどい目にあわすな」と仲裁に入った自分自身を誇らしく感じたのもつかのま、父親と同じ「暴力」に解決をゆだねたことに恥を覚えるようになります。

Aは、母親のことを尊敬していました。親切で平等性を持った働き者であり、家族に平和をもたらそうと努力する存在でした。「父親のようにはなりたくない」と考える一方で、「母親のような人間になりたい」と強く考えるようになります。Aは、優しい話し方をし、落ち着いた雰囲気を持った、働き者で家族を大切にする大人に育ちました。

しかし、男性であるという本来の意味、いわゆる性的指針とは一致しない自分自身に悩まされるようになります。そのため、「私はゲイではないか」「いったい私に何が起こっているのか」という困惑をつねに覚えていました。暴力という性的指針と自分自身の役割モデルとの不一致が起こったからです。

以上が、パワーズとグリフィスの論じた性的方針と役割モデルです。やはり、性的方針と役割モデルは一致しているほうが望ましいのです。

ですから、子供には「お父さんのようになっちゃダメよ」「ママのようにはなるなよ」

とはいわないでください。もし、見習ってほしくない行動があれば、その行動のみを指摘してください。子供が親の存在や人間性を全否定しないように導かなくてはなりません。とくに同性の親との関係は重要です。

もっとも子供によりよく成長してもらうために、親のほうがよりよい関係づくりをする必要があるでしょう。子供に尊敬し、信頼してもらうためには、親も自分の行動を改めなければなりません。親は子供にとっての男性性・女性性のお手本になるからです。

25. 誕生順位 Birth Order

「ひとりっ子だから、わがままなところがあります」

「同じ屋根の下で、同じ両親、同じ環境のもと、同じように育てたはずなのに、きょうだい（兄弟姉妹をふくむ）でもどうしてこうも性格が違うのだろう」——そんな疑問がよく聞かれます。また、育てられた当人がそのように感じています。

自分自身の性格、いわゆるライフスタイルを形づくるのは、1、遺伝、2、環境、3、創造力——の3つの要素ですが、ここでは、「環境」について考えたいと思います。

この環境は大きく2つ、文化と家族に分けられます。文化は、国民性を示しており、私たち日本人であれば、日本語を話し、私たちにとって自然な行動原理として、たとえば、社会の調和と秩序への意識があげられます。これがアメリカ人や中国人になると、大きく違ってくるのです。

もうひとつの家族は、「家族布置」Family Constellation ともいい、いわば家族構成の配置関係を意味します。これをシンプルに見れば、親がいて、子供がいて、あるいは親の親がいて、そのほかの親戚がいます。そして、この家族布置で重要なのは、ひとつの家の下にいっしょに住んでいる家族の構成が、個人に対してどのような機能をしているかということです。

具体的には、誕生順位、きょうだいの競合、家族の価値、家族の雰囲気があげられます。

このうち「家族の価値」Family Values は、夫婦（両親）が共有している価値観をいいます。学歴や地位、健康の軽重、金銭感覚、または、性格や行動において、正直に生きるだとか、人には親切にするとかいったものです。子供は両親が大切にしている価値観を受けいれるか、受けいれないかという決断をします。

「家族の雰囲気」Family Atmosphere は、両親のコミュニケーションのとり方を意味しています。協力的である、競合的である、受容的である、批判的である、開放的である、閉鎖的である、民主的である、独裁的であるといったようなものです。これは、家族の価値とは異なり、子供が自然に受けいれることになるものです。

これに、親からの期待や、きょうだいの関係性、そして誕生順位の影響を受け、子供は創造的にライフスタイルを形成します。

なかでも興味深いのが、「誕生順位」において、それぞれの性格傾向が見られることです。この場合、実際の生まれた順序よりも、子供自身がどの順位に自分が当てはまるかとみなす心理的な順序がより大切です。

第1子（最初に生まれた兄または姉）、第2子（第1子につぐ弟または妹）、中間子（3人以上のきょうだいの真ん中）、末子（ふたり以上のきょうだいの末っ子）、単独子（ひとりっ子）について、誕生順位別にそれぞれの特徴をあげてみましょう。

第1子「私は1番に生まれたゆえ、1番でありつづけなければならない」

その目標——ベストを尽くすこと。

第1子は、生まれた直後、両親の愛情や関心、注目を一身に受けて安泰なのですが、弟や妹の誕生によって、両親の注目はその子に行くことになり（行ったように感じられ）、これまで得られた100パーセントの注目が奪われたように感じます。そのため、第1子は王座の奪回をするために、何ごとにもベストを尽くすことになります。

・注目の中心にいる
・わが道を行く
・頼りがいがある
・ボス的存在、コントロール
・ルールに忠実
・世話係
・自他ともに高い期待を得る
・完璧主義
・正義感が強い
・生産的
・何ごともやり遂げる
・ゼロか100か（黒か白か）をハッキリさせる主義

・命令的
・従順
・実用主義
・自他ともに批判をする
・優越性や責任性を持つ

第2子「私は遅れをとったので、追いつき、追い越さなければならない」

その目標――個性を生みだすこと。

第2子は、第1子と競合的な関係になりやすく、親からの愛情や関心、注目を得るために、あえて第1子と別の道を歩む傾向があります。非常に競争的で、つねに自分の前方には誰かがいると感じ、追いつき、追い越そうと躍起《やっき》になるかもしれません。通常、第1子と第2子の性格は正反対になることが多く、第1子が優等生であれば、第2子は〝はみだし者〟に、第1子が勉強のできる子であれば、第2子はスポーツに個性を見いだそうとするでしょう。

25. 誕生順位

・競争的
・第1子と別の道を歩む（運動、音楽、芸術、社交的など）
・感受性が強い
・有能である
・創造的
・穏やか
・ユーモアがある
・冒険的
・何か足りないという感覚
・リスクを背負う
・規則をやぶる
・劣等感や無能感がある

中間子「私は自分の居場所を得たがすぐに失った。ふたたび自分の居場所を見いださなければならない」

その目標——承認されること。

中間子と第2子は似ていますが、この中間子は、一度も親からの愛情や関心、注目を十分に受けたという経験をしていません。生まれたときには、すでに上の子が存在し、少しすると下の子が生まれます。それによって親から愛されていないと感じることがあります。上下から挟《はさ》まれることで窮屈に感じ、圧迫感を受けるでしょう。第1子のように権利を持ち主張することも、末子のように特権を得ることもないので、たいていは自分には居場所がないと感じます。そして、世の中は不平等だという感覚を持つかもしれません。

・圧迫感を覚える
・仲介者であり、平和主義者
・感受性が強く、感情的
・柔軟性がある

・自分がない
・傷つきやすい
・プレッシャーに弱い
・とり残された感がある
・不平等を感じる
・犠牲者
・人助けが得意
・衝突を避ける
・たいへん協力的、もしくは非協力的
・ユーモアがある
・存在感がない

末子　「私は特権を持つべきだ」
その目標――特権を持つこと。

末子は、生まれてから一度も王座から落ちたことがないので、それをとり返そうとする必要がありません。そのため、努力して自分の立場や地位を確保しようとか、ものごとを改善しようとかいった意識が薄く、マイペースになりがちです。両親、きょうだいから甘やかされて育ち、「永遠の赤ちゃん」でもあるでしょう。順位的にも、最後なので上のきょうだいにくらべて弱さや小ささを感じ、勇気をくじかれ、劣等感を強く持つようになるかもしれません。しかし、うまく勇気づけがされると、自分の能力に自信を持ち、成功する可能性があります。

・欲しいものを得て、したいことをする
・他者にしてもらうことを期待する
・チャーミング
・操作的
・マイペース
・ユーモアのセンスがある

・非現実的
・甘やかされて育つ
・弱さや力のなさがある
・能力が高い、もしくは能力がない
・自己中心的
・面倒見がよい
・ひとりでいる時間が好き
・創造的
・自分の能力に強い自信を持つ、もしくはいっさい持たない

単独子「私は特別であるべきだ」
その目標――特別であること。
単独子は末子と似ている要素があるのですが、きょうだいがいないために、親の愛情や関心、注目を一身に受けることができます。そのために「自分は特別である」という感覚

を持ちやすく、「甘やかされた子供」になり、自分勝手な人間になるかもしれません。きょうだいがいないため、分けあう、分かちあうという訓練はされません。周囲にはつねに大人がいるため、大人との接し方をよく心得ています。また、自身の弱さや小ささに劣等感を強く持ち、弱さやシャイな姿を強調することで、大人たちから注目を得て、同情を買うことをするようになるかもしれません。

・特別であり、特別な機会を持ちたい
・大人とのつきあいが上手
・独立的、もしくは依存的
・知能が高い
・注目の的
・きょうだいとの競争がない
・達成し、秀《ひい》でる
・争いごとが苦手

・シェアすることが苦手
・自分勝手で、わがまま
・甘やかされて育つ
・能力が高い、もしくは能力がない
・欲しいものを手に入れたい
・創造的で、独創的
・孤独感が強い
・礼儀正しい
・自他ともに高い期待を得る

ミネソタの大学院でも、ひとつのクラスで誕生順位別にグループ分けをして、それぞれの経験を話しあいました。いずれも、納得することが多く、とてもおもしろい授業でした。

「ひとりっ子だから、わがままなところがあります」と、当然のことのようにいう人がいますが、そうとはかぎりません。たしかにそういった傾向を示す場合はありますが、ひとりっ子が第1子のような特徴を持つこともあります。

[*42]生まれた順番やきょうだいの人数じたいが、子供の性格に影響を与えるのではなく、その子供が生まれた状況やおかれた環境、そういったものを子供がどう解釈するか（まわりの大人たちがどう認識させるか）によって性格は形成されるのです。

この誕生順位は、あくまでライフスタイルを理解するうえでのひとつの材料として考えてください。

また、「同じきょうだいでも、どうしてこんなにも性格が違うのか」という疑問については、「きょうだい間競合」Sibling Competition の問題を考えなければいけません。子供は親の注目を得るために、きょうだいがライバル関係にもなります。親の注目を得ることで、家族という集団において「自分には居場所がある」と感じられるためです。

そして、その居場所を探すための努力の結果として、きょうだいは、誕生順位にも見られるように正反対の性格になる傾向があるのです。

たとえば、上の子が、親のいうことをしっかり聞き、やさしくて、人思いで、勉強もできる優等生だったとします。そうすると下の子は、上の子と同じようにやっても、親からの注目を得ることはできないだろうと感じます。親のいうことは聞かず、上の子とは正反対に悪さをしたり、勉強もあえてしなかったりするかもしれません。

あるいは、上の子のような勉強でなく、スポーツや芸術で秀でる道を選ぶかもしれません。きょうだいどうし、直接的な競争を避けるために、異なる分野に身をおく場合が多く見られます。

また、親の期待が高ければ、きょうだいが同じような分野に身をおくこともあります。スポーツ一家や芸術一家、親子全員が医者あるいは教師といった家族ができるのは、そのためです。

私には姉がひとりいますので、つねにその姉をライバル視していました。私にとっては、学業でもスポーツにおいても優秀な姉であり、いつまでも姉の背中を追い、陰に隠れているように感じられました。姉は何ごとにも万能なイメージがあったのです。

学業でかなわないと感じたのか、運動のほうで秀《ひい》でようと思ったときもありました。「男の子だから」と、体力を前面に押しだそうとしたのですが、このことで身体的な劣等感を持つようになります。

また、性格的な違いもあります。姉は現実主義で、どちらかといえば知らない人と積極的に接することが苦手のようです。それに比べて、私は理想主義で、人当たりもよく、誰とでも親しく接することができます。

このように正反対になることの多い姉と弟ですが、価値観は共通しています。姉はアメリカ人と結婚をしてシアトル在住。私はミネソタに留学しました。いくら歳を重ねても、私は姉の背中を追っているのかなと思います。

このきょうだい間でのライバル意識が過剰になると、別の形でもあらわれます。私の場合は、ときに年上の第1子の女性に対して、同じようなライバル意識を燃やすことがあります。まったく血のつながりのない、似たような存在にその矛先《ほこさき》が向けられるのですが、向けられたほうとしては、何のことだかさっぱり理解できないでしょう。

アドラーは、一説によると7人きょうだいの2番目といわれていますが、その2歳上の兄の名はジクムントです。アドラーが身体の弱い子供だったのに対し、ジクムントはいたって健康でした。アドラーは、つねに自分よりも先を行き、優秀で健康な兄に対して嫉妬していました。また、ジクムントが母親のお気に入りであると思い、彼をライバル視していたようです。

皮肉にも、この兄の名は、のちにアドラーの共同研究者ともなるジクムント・フロイトと同じです。フロイトはアドラーよりも14歳年上でした。アドラーはフロイトに兄の姿を映しだし、ライバル視するようになったようです。ふたりの決別も、このライバル意識が強くかかわっているのでしょう。

きょうだい間の競合、ライバル意識は、どうしても避けることができません。そのうえ、家族によっては子供たちを積極的に競争させる親もいることでしょう。資本主義社会で自由競争社会でもある日本においては、過当な競争をとても自然なものとする風潮があります。ただでさえ、学校へ行けば学力などによる競争、社会に出れば営業成績や出世というように、いたるところに競争の原理が働いています。せめて家庭では、この競争という概念をやわらげることはできないかと思うのですが、いかがでしょうか。

私もよく、「お姉ちゃんはしっかりしているのにね。あなたときたら……」と比べられて嫌な思いをしました。このきょうだい間の競争原理について、ドライカースもつぎのように警告しています。

[*43]「近代の家族には、競争や競合意識が浸透しており、この時代の特徴として、父対母、両親対子供、きょうだい間において競争、競合関係にあり、家族に所属しているという感覚を奪ってしまう」

「競争社会に出ても生きていけるように、そのための準備を家族でしているのだ」という見方もあるようですが、競争や競合をけしかけるような環境が、勇気を与えることはありません。このような家庭で育てられた子供は、勇気をくじかれ、絶望的な状況を体験することで、その後成功している状況にあっても、「私にはその成功を維持できず、耐えることができないかもしれない」という、不安やおそれをつくりあげてしまいます。

この競争社会において、きょうだい間で生まれる劣等感の克服は、親がすべての子供に対して平等に接することによって実現されます。そのことを、ドライカースはつぎのような表現で説明しています。

「全員を同じ船に乗せ、運命、行動をともにさせる」[*44]

環境因である家族布置について、もうひとつ補足しておきます。友人の話ですが、彼はとても人当たりがよく、誰からも好かれる性格で、人望もありました。ともに独身でもあったので、女性関係の話をよくしましたが、彼は、女性の友人はたくさんいるのに、恋人関係となると、なぜかうまくいかないと嘆いていました。

彼にきょうだい構成をたずねると、6人きょうだいの末っ子で、上の5人は女性ということでした。つねづね「姉たちに甘やかされた」と彼はいっており、女性に囲まれていたからといって、愛のタスクに向きあう訓練にはならないことがわかります。

誕生順位にプラスして、きょうだいの性別による環境についても考慮に入れる必要がありそうです。

26. 勇気をくじかれた子供の誤った目標　Mistaken Goals of the Discouraged Child

「どうしてウチの子は問題ばかり起こすのだろう?」

小学校時代の遊び仲間には、かならずひとりは悪ガキがいるものです。私の知っている悪ガキは、人の家に石を投げてガラスを割ったり、「お店の人が持っていっていいよといってくれた」とウソをいい、近所の駄菓子屋から売りもののお菓子を黙って持ちだしたりしていました。

親の財布から勝手にお金を持ちだしたときは親に見つかってしまい、こっぴどく叱られていました。悪ガキのお母さんは、「どうしてウチの子は問題ばかり起こすのだろう?」と周囲にもらし、ホトホト困りはてているようでした。

この悪ガキがしたような行動を、アドラー心理学では「不適切な行動」Misbehavior といいます。社会やおかれた状況の求めに反するあらゆる行動、非建設的で破壊的な行動をさします。

たいていの場合、「家庭環境がよくない」「親の育て方が悪い」といったような原因をあげる人が多いようです。私のまわりの大人たちも、そのように考えていました。しかし、悪ガキ本人も問題行動を起こすとき以外は親切ですし、いつもすごんでいるというのではありません。そのお母さんも人当たりのいい人でした。では、そんな子供が、どうして不適切な行動を起こすのでしょうか。

アドラー心理学では、すべての行動には「目的」や「目標」があると考えています(「目的論」を参照)。したがって、子供の不適切な行動にも目標があるわけで、ドライカースは、「注目」「権力闘争」「復讐」「無気力」の4つの目標をあげました。

子供はまず、適切な行動で自分の居場所を確保しようとします。自分自身の適切な行動をもって、自分の居場所があると感じることができれば、不適切な行動にはいたりません。ところが、居場所がないと感じたとき、不適切な行動によって集団における自分の居場所を確保しようと試みます。

その居場所となる集団とは、家族であったり、学校やお稽古《けいこ》ごとの教室であったりするのでしょう。私たち人間は、社会的な生きものであり、つねに社会とのつながりの中で生きていると考えられます。ただ、実際に子供たちがつながっているのは、集団や組織、社会そのものに対してではなく、そこに属する人間です。教師やクラスメート、校長や学校用務員といったすべての人から孤立しているのに、学校とつながっているということはありません。つまり、そこには対人関係があります。

すべての行動には目的や目標があるのですが、それはつねに具体的な誰かに向けられているのです（「対人関係論」を参照）。多くの場合、それは、家族であれば親、学校であれば担任の教師ということになるでしょう。親や教師は、子供の適切な行動に目を向け、勇気づけることが必要なのですが、現実にはこれがなかなかできていません。

子供が適切な行動では注目を得られない、受けいれられていないと感じれば、不適切な行動を起こしてでも、親や教師から注目を得ようとするでしょう。ここでは、その対象が親の場合に設定して見てみましょう。

第1段階は「注目」Attentionを目標とした行動です。これは親から注目や関心を得ることに向けられます。ときには不適切な行動によってそれを得ようとします。しかし、夕飯の準備中にしつこく遊ぼうとせがんできたり、泣きわめいたりされると、たいていの親はそれを受けとめず、いら立ちを感じるでしょう。

逆にいえば、親がイライラした表情を見せたとき、その子供の目標である「注目」が達成されたということになります。イライラされることによって、はじめて関心を向けてもらえたと考えるのです。そして子供は、「注目されているときだけ、ボクには価値があるんだ」という見方を再確認します。

それでも、子供が思うように親から「注目」を得られなかった場合は、第2段階に入ります。それが「権力闘争」Power Struggleを目標とした行動です。この「権力闘争」は、親に対して子供が力を見せつけようとすることです。反抗したり、いうことを聞かなかったり、親に「主導権争い」をいどむようになります。

この行動に直面した親は、怒りや腹立たしい感情を持つことでしょう。すると子供は、「ボクには力があってそれを見せつけなきゃいけない。誰もボクをコントロールできないんだ」という意志を強く持つようになります。

第2段階の「権力闘争」で、親が子供を打ち負かしてしまった場合、子供は第3段階の行動に移ります。これが「復讐」Revengeを目標とした行動です。主導権争いに敗れたことで、「みんな敵なんだ。本当にボクのことを愛している人なんていないんだ。それがどんなにつらい気持ちなのかをわからせてやる」と思うようになります。

社会の倫理に反した悪さをすることで「復讐」の目標は達成されます。こうやって、親の感情を傷つけるのです。その行動は、親に直接向けられるだけではなく、あえて外側の人を巻きこむことで、間接的に親を苦しめようとします。こちらのほうがダメージはより大きくなります。

「復讐」によって親を傷つけ、それでも彼らから受けいれてもらえないと感じれば、最終段階に入ります。これが「無気力」Inadequacyを目標とした行動です。行動といっても、積極的に何かをするわけではありません。会話をしなくなったり、続けていたお稽古ごとをとつぜんやめたり、学校に行かず部屋にこもったりします。このときの子供は、「ボクには何ひとつ正しいことなんてできやしない。だから、何もしないほうがいい。そうすれば、失敗もしないから」と完全に勇気を失い、希望を持てない状態におちいっています。

この段階になると、親は絶望感やあきらめを持つでしょう。

ここで大切なのは、子供の不適切な行動に対する親の感情です。親の感情は、子供がどの段階にいるかをあらわすひとつの〝ものさし〟となります。便宜的に具体的な子供の行動をあげましたが、私たちカウンセラーは、それよりもむしろ、そのときの親がどういった感情を持っているかを知ろうとします。

相談に来られた親は、〝ウチの子〟がどんなことをしたかを熱心にあげて、「どうすればよろしいか」と聞きますが、私たちは「あなたはどんな感情を持ちましたか」と聞くのです。親の反応によって、子供がどの段階にいるかをチェックし、それぞれの対応をすることができるからです。つまり、親の感情あっての子供の行動だということです。

「注目」の段階において親のできることは、子供の不適切な行動ではなく、適切な行動に目を向けることです。ふだんの何気ない行動に目を向けることによって、子供は親から受けいれられていると感じられれば、自然と不適切な行動をしなくなるものです。仕事や家事に忙しくしている親は、どうしても子供と接する時間や機会が減ってしまうので、より濃密な関係を築こうとしなくてはなりません。

「権力闘争」の段階では、親は子供を打ち負かそうとせず、その権力闘争から下りることをおすすめします。家族で主導権を持っているのは親であるとか、親は子供に弱みを見せてはいけないとか、そういった見方は捨ててください。この対処は、けっして問題からの逃走とはなりませんので安心してください。子供とは、ふだんから友好的に接しましょう。

親には、権力闘争から下りる勇気が必要となってくるのですが、私たちカウンセラーは、できればこの段階で食いとめたいと考えています。つぎの「復讐」の段階まで進んでしまうと、手遅れになる可能性があるからです。

ただし「復讐」の段階でも、親にできることはあります。子供の行動に対して、怒りや傷ついたという感情を持たないことです。そして高い視点から、「何か助けられることはないか」「何か手伝えることはないか」と根気よくサポートしていくことです。子供は「権力闘争」に負け、とても傷ついている状態なのです。「子供の行動によって私たちも傷つけられた」と嘆く親はいるでしょうが、それは「権力闘争」の段階で子供を打ち負かしてしまったことへの代償です。

「無気力」の段階に入ってしまうと、これはもう親だけではどうにもなりません。第三者、または専門的なサポートが必要となります。子供は生きていく夢も希望も失ってしまっているのですから、とにかく子供の適切な行動や、長所に注目するしかありません。批判や叱咤は状態をより悪化させるだけなので、やめてください。少しずつ、そして一歩ずつ小さなことからコツコツと、成功体験を得ることが子供には必要でしょう。親もまた、子供と同様に十分な勇気と忍耐が求められるのです。

冒頭の悪ガキは、おそらく「権力闘争」から「復讐」という段階に入ったところかと思われます。そう判断した基準は、周囲に打ち明けるときのお母さんの感情であって、ひどく落ちこんだ様子だったからです。

また、子供の不適切な行動の目標は、4つの段階の順番どおりにシフトしていくわけではなく、「注目」から「復讐」の段階に飛んだり、ときにはいきなり「権力闘争」の段階に入ったりと、さまざまです。

子供の側からすれば、とにかく自分の存在意義や居場所を確保するため、所属の感覚を得るために必死です。そして子供自身、これらの行動の目標や意図には気づいていないでしょう。一般的に「協力性が欠けている」と評価される子供は、「協力のための勇気」がくじかれている状態です。くれぐれもそういう性質なのだとは考えないでください。建設的な行動によって自分の居場所、所属の感覚を得るための勇気が不足しているのです。

ドライカースは、つぎのようにいいます。


「[*45]勇気づけほど、子育てをするうえで大切なことはない。子供は勇気づけなしでは、所属の感覚をやしない、獲得することはできないだろう。勇気づけの不足こそが、不適切な行動の基本的な原因だと考える」


この不適切な行動の4つの目標は、何も子供だけでなく、若い人や大人においても当てはまります。もちろん、この4つだけですべての現象を理解することはできませんが、ひとつのガイドラインにはなるでしょう。

アドラー心理学においては、不適切な目標に沿った行動をする子供は、「勇気くじき」Discouragement をされた状態にあると考えています。

勇気をくじかれることによって、人生の「無益な側面」にとらわれた行動を起こすようになります。また、「躊躇する態度」「そうですね……とはいっても」「軽蔑傾向」といった状況が起こりやすくなります。これにより、当面の課題を遠ざけ、自分自身や他者を過小評価することで逃避しようとするのです。

「勇気づけ」の項で見た少女のお母さんは、ことあるごとに娘を叱っていました。この「叱る」は、子供の勇気くじきを起こす典型的な行為となります。この少女は、不安障害と診断され、シェルターに入っていました。つまり、学校を休んでいました。子供にとっての「仕事のタスク」は学校なのですが、そこに身をおかないことで、そこで起こるライフタスクにとりくむ機会を奪われるわけです。また、それと向きあう勇気も失われたままでした。

ドライカースは、つぎのようにいいます。

「子供が自信を持てなくなるように作用している私たちの行動はすべて、子供の勇気をくじくことである」[*46]

対面した少女の母親は、「もっとホメたほうがいいのでしょうか」と私に質問してきました。もちろん叱るよりかは、ホメたほうがまだいいのですが、「叱る」ことの対極にある「ホメる」ではいけないのです。

なぜなら、この考え方には、信賞必罰《しんしょうひつばつ》の概念がふくまれているからです。結果として、賞も罰も、子供の勇気をくじくことになります。賞とは、いわば「ごほうび」です。これに慣らされた子供は、ごほうび欲しさに、つまりホメられることを目的として行動するようになってしまいます。そして、ごほうびをもらえないことを罰として受けとめます。

アメリカの親はよく子供に対して、「私はキミを誇りに思うよ」というホメ方をするのですが、これも子供相手には適切ではありません。親の顔色をうかがって行動するようになり、その意に沿わなければ、「ボクはもうお父さんの誇りになれないのではないか」という、ゆがんだ価値観を植えつけることになります。

子供がよいことをしたときは、「よかった。すごくハッピーだ」と自分のことのように素直に喜ぶか、あるいは、「キミは自分に自信を持っていいよ」と、あくまで自分自身が選択した行動であることを強調した言葉がよいでしょう。

また、多くの親は、子供がその不注意や怠慢から失敗したり、何か悪さをしたりしたときには、罰を与えることがよいと考えているようですが、これも正しくありません。罰を与えることによって、もう失敗や悪さをしなくなるというのは、幻想です。罰を与えれば与えるほど、子供は、自尊心を奪われ無気力になるか、それに抵抗するようになるかのどちらかでしょう。「これだけ叱っているのに、ウチの子供はまったく直りません」といって嘆く親は、大きなカン違いをしています。

アドラー[*47]も、子供は、けっして悪意があって不適切な行動をするのではなく、それは勇気をくじかれた結果であって、生まれつきのものではないといっています。

また、つぎのアドラーの言葉が、この問題の本質をよくとらえています。

[*48]「私たちは、子供たちが直面する問題を克服できるような〝材料〟、つまり勇気を子供たちに与えなければならない。これが教育上、もっとも重要な要件であるといえる。その一方で、もっとも危険なのは、子供が希望を失うことである。子供が生活していくうえで多くの困難な状況が待ち受けているだろうが、彼らはけっして希望を失ってはならないのである」

27. 自然の結末と論理的結末 Natural Consequences & Logical Consequences

「子供のためを思ってやっているんです」

朝、子供が学校に出かけようとしています。天気予報を見たお母さんは、降水確率が100パーセントだということを知りました。そこで、「今日は雨が降るみたいだから、傘を持っていきなさい」と伝えたのですが、子供は外を見て「だいじょうぶ。まだ降っていないから傘はいらないよ」といって、手ぶらで家を出ました。

ところが、空模様はいよいよ怪《あや》しくなっていきます。子供が学校に出かけて1時間後には暗くなり、雨が降りだしてきました。天気予報が的中したのです。お母さんが夕食の支度をしていると、洋服もかばんもすべてびしょ濡《ぬ》れになった子供が帰ってきました。

こんなとき、あなたならどんな対応をしますか。

あるお母さんは、学校にまでわざわざ傘を届けたことがあるといいました。迎えに行くというお母さんもいました。また、学校までとはいわないものの、子供を追いかけて傘を持たせた、というお母さんもいました。

どうしてそうするのかを聞いたところ、そのお母さんは、「だって、カゼを引いたら困るでしょう」といいます。また、「母親ですから、子供のためを思ってやっているんです」とつけ加えました。

ところが別のお母さんは、わざわざ学校に傘を届けに行かないし、追いかけて傘を持たせることもしないといいました。もちろん迎えにも行きません。そして、びしょ濡れで帰ってきた子供が不満を述べると、ニコニコしながら、「ほら、お母さんのいったとおりでしょう？　傘を持っていかなかったからよ」と返したそうです。

アドラー心理学には、「自然の結末」と「論理的結末」という、子育てをするうえでたいへん有用な理論があります。

雨が降りそうだという予報があるとき、傘を持たずに出かければ、当然ながら雨に降られて濡れる可能性があるということです。そして、その子供は、傘を持たずに出かけた結果、雨に降られてしまったわけです。

つまり、そういった経験が、子供のよい学習機会になるという考え方です。「自分のことは自分自身で決めなければならない。自然の流れで発生する結末を予測して行動を起こすのも自分であり、その結果の責任を負うのも自分である」――子供が自分の人生の課題に向きあうために必要な感覚をやしなう機会になるのです。

ドライカースは、つぎのようにいいます。

「もし、行動の結末を個人に経験させることができるのなら、私たちは、正しく本当の意味での学習環境を提供することができるだろう」*[49]

ここで大切なのは、雨に降られた責任は自分にあるという認識を持たせることです。お母さんの助言を聞きいれなかったから悪いのではなく、「自分で決めたのだから、それはしかたないでしょう。今度はよく考えて行動しなさい」と教えることです。

この理解をやしなう段階で、誰かがその子供と「自然の結末」のあいだに入りこんだら、どうなるでしょうか。傘を忘れたのは自分自身なのに、自分ではない誰か（母親）が学校に傘を届けたり、迎えに行ったりしたら、どうなるでしょうか。雨に降られなかったかわりに、大きな代償をはらうことになります。子供は学習する機会を奪われてしまいます。

とくに命の危険性をともなうおそれのある場合をのぞいて、子供には「自然の結末」を経験させなくてはなりません。その経験が欠如すると、何かあれば、つねに親や大人たちが助けてくれるだろうと、自分の決断や行動に責任を持てない人に育ちます。自分自身で決断や行動を起こせなくなるのです。

ですから、濡れて帰ってきた子供への最初の対応が重要になってきます。「私のいうとおりにしないからだ」といった支配的な言葉は好ましくありません。必要なのは、共感、提案、理解のある言葉です。

1、共感――「服が濡れて気持ち悪いでしょう」「身体が冷えてしまったでしょう」

2、提案――「そこに新しい服があるから、すぐに着がえたらどう？」「シャワーでも浴びてきたら？」「熱いお茶、入れようか」

3、理解――「それにしても濡れちゃったね」「ひどい目にあっちゃったね」

こういった言葉によって、子供は親の本当の愛情にふれ、居場所がそこにあることを確認すると、そこではじめて「今度は天気予報をちゃんと見て傘を持っていくかどうかの判断をしよう」と認識できるようになります。

これとは別に、「論理的結末」があります。自然の現象とは異なり、以前にとり決めておいたルールや約束ごとが守れなかった場合、その行動の責任を子供自身におわせるというものです。

ある家族の夕食の時間は、6時から7時までと決まっていました。お母さんは、夕食の支度ができたので、2階にいる子供に夕食の用意ができたことを伝えました。ですが、子供はゲームに夢中でいっこうに下りてくる気配がありません。ようやく下りてきたときには7時をとっくに回っていました。

お母さんはさっさと片づけをしてしまいました。子供は、「あれ、ボクのご飯は？」と聞きます。お母さんが「10分待っていたけど、下りてこないから片づけちゃったわ」と答えると、子供は泣いて怒りだしました。しかし、お母さんは毅然《きぜん》とした態度で、「あしたは、ちゃんと時間どおりに食事しましょうね」といい、ソファーで読書を始めたのです。

この例を「自然の結末」から見ると、「食事をしない↓お腹がすく」となります。また、「論理的結末」から見ると、「時間内に席につかない↓食事ができない」となります。結果として、子供はお腹がすいたままでした。

ちょっとかわいそうなのではないかと思う人もいるかもしれませんが、子供はこのとき、食事よりもゲームを選択しました。これが子供自身の決断によって導かれた「結末」なのです。ご飯を食べるのも食べないのも自由。あとでお腹がすくかもしれないが、ゲームに興じるのも自由。こうやって、自由と責任は表裏一体であることを子供に認識させます。

このとき、もしも母親が2階に上がって「早くご飯を食べなさい。あとでお腹がすいても何もないわよ」といってしまったら、母親は子供に「ご飯を食べること」を強制したことになります。ゲームを中座させ、ムリに食べさせれば、罰になってしまいます。

ドライカースはこのことを、つぎのようにいいます。

[*50]「もし、論理的結末が怒りによる脅威や強制という形で使用されたとしたら、そのとき結末の意味は消え、罰となってしまう」

この2種類の「結末」は、子供に学習をする機会を与え、自分自身でした決断と行動に対する自信と責任を持たせる動機になります。

現代のアドラー心理学ではもうひとつ、「課題の分離」という概念が加えられています。これは、当面の問題に対して、「これはいったい誰にとっての課題なのか」を考えることです。親の問題なのか、子供の問題なのか――を分離して考えなくてはなりません。

子供が傘を持っていかないことで困るのは子供です。その結末としてびしょ濡れになるのも子供です。母親が困ることといえば、濡れた服を乾かしたり洗濯したりすることくらいでしょうか。また、食事をとらないことで困るのは子供です。親ではありません。子供がなかなか起きなくて学校を遅刻したら、困るのは子供です。宿題を忘れていって困るのも子供です。親は困りません。

このとき、「いや、そんなことはいっても最後に困るのは、親だ。身体が濡れてカゼでも引かれたら親として後悔するし、親としてお腹をすかせたまま放っておくわけにもいかない。遅刻をして、宿題を忘れて子供が恥をかいたり、勉強が遅れたりすれば、結局は親の責任になる」——そういった考えが頭をよぎるかもしれませんが、これは気休めでしょう。

そして、子供が困るのも、ほんの一過性のことです。ところが、ここで親が割りこんで、子供の課題を親の課題にしてしまうと、子供はいつまでも、親の一部になってしまうのではないでしょうか。子供もそういった認識を持ちながら、大人になるでしょう。本当に子供のためを思っているのなら、ときに小さな失敗には目をつむって、これを子供が成長する絶好の機会と考えてください。親には、子供を正しい態度で見守るという勇気が必要です。

28. 対人関係論 Social-Embeddedness

「また私の誕生日を忘れたの⁉」

これまで述べてきたことをおさらいしておきましょう。

人間は社会的な生きものです。私たちはつねに社会との、つまり人とのかかわりがあって、私たちが向きあう「人生の課題（ライフタスク）」もまた、社会的なものです。そして、私たちの行動には目的があって、それは社会に、つまりそこに属する人に向けられています。人間というものは、社会と切り離して考えることができません。その中で起こる悩みの種を解決するには、「協力」が必要になってきます。

アドラー心理学は、このような「対人関係論」にもとづいて考えられています。

２０１０年の北米アドラー心理学会でおこなわれたプレゼンテーション「社会的知能：脳科学リサーチから、変化のためのツール」でも、「人間の脳の本来の目的は、社会的なコミュニケーションを促進すること」といった説明がなされていました。

社会的知能Social Intelligenceとは、他者の行動を観察し、共感するという、人間だけにそなわった知能です。人が誰かに親切にしている場面を見たとき、自分自身も同じような行動をしようとする動きがあり、また他者が痛みを感じているときには、自分自身もその痛みを感じること――が、その知能の作用です。

脳科学とマインドフルネスの第一人者であるダニエル・シーガル[*51]によると、自身の心を感じると同時に他者の心を感じることで、私たちの脳は変化していくらしいのです。これを「マインドサイト」といいます。

ところが人間は、共感の能力を持ちながら、これをうまく活かすことができません。「夫が、また私の誕生日を忘れたの」と嘆く妻がいます。「私は毎年、夫の誕生日にプレゼントをあげているのに、夫のほうは、ここ数年くれようとする気配もない。これでは、対等な夫婦関係とはいえない」というのです。

「私はあげているのだから、相手もくれて当然」という関係は、本当に対等なのでしょうか。妻の言いぶんによると、夫から一方的に奉仕を強いられている関係なのですが、これは不平等な関係なのでしょうか。

では、ここ数年相手からはプレゼントをもらっていないのに、なぜあなたはプレゼントをあげているのかを考えてみてください。その一瞬に、相手が喜ぶ顔が見たいからではありませんか。

「お祝いのメールをしたのに、感謝どころか返事もない」「腕によりをかけて夕飯をつくったのに、なんの反応もない」――見返りを期待した時点で、その期待に沿わないと感情的になってしまいます。それなら、最初から見返りを期待しなければよいのです。

ただ、頭ではわかっているのに、これがなかなかできません。

こういう話をすると、夫のほうは、「妻が見返りを期待していないのなら、返す必要はない」と喜ぶかもしれませんが、これも違います。「プレゼントをもらったから、こちらもプレゼントを返さなくてはいけない」という考え方はやめたほうがいいのですが、無関心・無反応でよいといっているのではありません。

相手に関心や反応をはらうことは必要です。それが夫婦、家族であれば、なおさらです。プレゼントをもらったとき、夫はどんな関心や反応を示したかということなのです。どんなふうに感謝を伝えましたか。それを喜んで使っていますか。「あ、そう。ムリしなくていいのに」といって、そのまま部屋のスミに放りだしてはいないでしょうか。

プレゼントに対して、喜びの表情、感謝の言葉、またそれを大切にする行動があらわされていれば、妻のほうも「なぜ返してくれないのか」とは思わないでしょう。相手が無関心・無反応だから、せめてもの見返りを求めようとするのです。

夫婦ともに「共同体感覚」が十分にそなわっていれば、自分とそのパートナー、また家族や友人、仲間などが、成長、進歩、発展するために協力的な姿勢を持ち、そして貢献することが生きがいとなっているはずです。

真の愛について、アドラーはつぎのように説明しています。

[*52]「真の愛には、身体と精神の相互的献身が求められる。真の愛をはぐくむためには、両者の努力が必要だということをおたがいが理解するまで、そのふたりは恋人どうしであるとはいえない……不思議に思えるかもしれないが、たいていの場合、愛というものを、ふたりにとってのタスクであるとは考えないものだ」

そして、つぎのように続けます。

「もし、努力や、鍛錬《たんれん》、犠牲や相互協力が欠如しているのであれば、それは愛という名には値《あたい》しないであろう。そして愛は、一方がすべてを与え、他方が何も与えないというようなな不平等なパートナーシップではなりたたない。真の愛とは、平等なパートナーシップであり……それは、ふたりの心がひとつとなり、ひと組の人間となって、その人種の生理学的な必要性と社会的な需要を考慮に入れたうえで、ふたりの性的衝動に折りあいをつけ、調整することにある」

真の愛とは、平等なパートナーシップであり、相互的献身だといいます。またアドラーは、娘のバレンティンの結婚式で、夫婦の門出につぎのような助言をしています。

「ふたりで生活するということは、ふたりが楽しく仕事をしなければならないということ……おたがいのパートナーの生活を楽にし、より美しくするように生活すること……おた[53]

がいにパートナーを服従させるようなことはしない。なぜなら、誰もこの関係に耐えることはできないからだ……ほかの誰かに、あなたたちの結婚関係の形に影響を与えるようなことをさせない……誠実な愛情を持ってあなたたちと接する人とのみ、友人になりなさい」

平等性というのは、まったく難解な概念です。すでに話したとおり、仕事の量や質が、均等でないから不平等だというわけではありません。夫（妻）が朝から晩まで働き、妻（夫）は家事を午前中に終えて残りの時間はテレビを見てゴロゴロしていたとしても、ふたりがそれでよいと心から思えるのなら平等なのです。

これを見た親やきょうだい、友人たちが「おかしい」といってくるかもしれません。夫の妹が母親に、「あんなひどい嫁だと、お兄ちゃんがかわいそうだ」と訴えます。しかしアドラーは、「ほかの誰かに、あなたたちの結婚関係の形に影響を与えるようなことをさせない」――それが夫婦だといっています。

つまり夫婦の愛というものは、ほかの人の〝常識〟や経済的な尺度によってはかられるものではないということです。ただ、相互のパートナーシップと献身性が平等であれば、ほかは〝不平等〟であってもよいのです。

アドラーは、結婚という課題についても、つぎのようにもいっています。

「（夫婦の問題の）最大限の解決方法といえば、私たちはこう答えるだろう。それは、それぞれのパートナーが、自分自身に向ける関心それ以上に、相手に関心を向け、興味を持つことであると。これこそが、愛と結婚が最終的に成功するための基盤である」[*54]

自分の心と他者の心は、かならずどこか違うものです。自分自身に向ける関心それ以上に、相手に関心を向け、興味を持つことによって、この違いを認識することができます。そして、その違いの中から共通点を見いだすことによって、理解が生まれ、つながっているという感覚を得ることができます。

2010年の北米アドラー心理学会では、ベティー・ルーが育児について語るセミナーがおこなわれていました。子育てにおいても当然ながら夫婦の協力関係が必要ということで、愛のタスクについて話をしていました。彼女が、親は子供のお手本となるように、平等なパートナーシップが必要といったときのことです。これを聴講していた夫のウォルツ・ベトナー先生が、壇上の妻に向かって声をかけました。

「もしあなたが間違っていたら、それを受けいれてください（just admit it）。もしあなたが正しかったら、口を閉じてください（shut it up）」

ベトナー先生の当意即妙《とういそくみょう》によって、会場は爆笑の渦に巻きこまれました。彼は何も妻の晴れ舞台をバカにしたかったわけではありません。彼らの問題であるかのようにいって笑いをさそいながら、さらりと夫婦関係をなりたたせるための極意を述べていたのでした。

人は、自分自身が正しいときはペラペラとその正当性を述べますが、では、間違っているときは相手の考えに黙って耳を傾けるのかといえば、そうともなりません。「それでも私には一理がある。見方によっては間違っていない」ということを、いつまでも主張するわけです。これは自分自身にのみ関心が向いている状態であって、相手が何に関心を持っているのかには、あいかわらず無関心といえます。

そういった一般的な傾向に対し、ベトナー先生は、「間違っているのであれば、自己弁護は不要であるし、正しいのであれば、これ以上の説明は不要である」——という対人関係の本質を語ったのでした。また、それでも通じるのが夫婦なのです。

[*55]アメリカで知られるアドレリアン、ジョン・カールソンとドン・ディンクメイアー・ジュニアは、男女の愛と結婚が成功するためには、「3つのS」が必要といいます。それは、Social Interest（共同体感覚）、Self-Esteem（自尊心）、Sense of Humor（ユーモアのセンス）の3つです。つまり、価値ある存在として自分を認め（自尊心）、協力的姿勢（共同体感覚）と広い視野で関係性をとらえる能力（ユーモアのセンス）があれば、そのふたりはうまくいくというわけです。

この「3つのS」は、すべての対人関係に通用するかもしれません。

29. 目的論　Teleology
「昨日はついカッとなってしまって……」

ある夫婦の話です。夫は毎日仕事で帰りが遅く、食事も外食ですませることが多かったのです。しかし、ある日の朝は、「今日は早く帰ってこられるから、家で晩飯は食べるよ」と妻にいって仕事に出かけました。はたして夫が、予定どおり自宅に戻ると晩飯が用意されていませんでした。妻は夫の言葉をすっかり忘れていて、いつものとおり遅い帰宅だろうと考えていました。

そこで気分を害した夫は、妻に怒りをぶつけると、「オマエは、どうしていわれたことができないんだ！」といい残し、自室にこもってしまいました。次の朝、「オレが悪かった。昨日はついカッとなってしまって……」と、夫は妻に謝罪をしたのでした。

また、別の夫婦の話です。夫は仕事でいつも忙しくしており、毎日帰りが遅く、帰宅して食事をしても、それが終わるとすぐ自室に入り仕事をするほどです。そしてたまの休日は、仕事上のつきあいで家を空けることがほとんどでした。ある夕食のとき、妻が夫に子供のことについて相談を持ちかけたことがありました。ですが、夫はあまり興味を示さず、携帯が鳴ると、仕事の話のために自室に入っていきました。

妻はその夫の行動についに怒りを爆発させ、「もっと家庭のことも考えてよ!」と叫びました。そして1時間後、「ごめんなさい。ちょっと感情的になってしまって……」と、妻は夫に謝罪をしたのでした。

「すべての感情には目的がある」――アドラー心理学では、そう考えています。

世の中は、原因と結果という形で事実関係をとらえる見方が一般的ですが、アドラー心理学においては、原因の側にあまり重きをおいていません。

たしかに、エンジニアや機械工学の世界において、原因を追究することは最重視されることでしょう。機械を正常に作動させるために、何度もテストをし、誤作動が起こればその原因を追究し早急に改善することが求められます。これによって正しい結果が得られるのです。医師であるフロイトは、やはり病理というものに目を向け、その原因を追究しました。

しかし、人間は機械ではありません。アドラーは、個人だけでなく集団という観点から、「人間はどこに向かって生きているのか」という「目標」に着目します。そして、「その目的は、いったい何か」を考え、人間の行動には一貫性があることを知るのです。もちろん、この目的も目標も、個人や状況によってさまざまです。

2組の夫婦の例では、いずれも片方が怒りという感情をあらわしていますが、それには、どういった目的があるのでしょうか。とくに最初の場合、原因と結果の関係性で考えれば、妻が夫の言葉を忘れて食事をつくっていなかったという原因に対して、その結果、夫が怒ったと考えるでしょう。

しかしこの場合も、アドラー心理学では、この現象を「使用の心理学」から考えます。「夫が怒った目的は何か」――そして、夫は怒りという感情を使用することによって「どんな目的を達成できると考えたのか」です。

すると、「妻を夫のいうとおりにさせる」「夫のいうとおりにしない妻にそれが間違っていることをわからせる」という目的のために、夫は怒ったことになります。これは、親が子供に怒ることで、どこかで「怒ればいうことを聞くだろう」という発想があるのと同じです。感情とは、あくまで個人の創造物であって、その人の目的や目標に沿ってつくられています。

またアドラーは、敵だと認識する相手がいなければ、怒りという感情を持つことはできないといいます。さらに、その怒りの目的はこの敵に勝利することです。つまり、怒る夫にとって、妻は敵とみなされているのです。「私に服従しない敵」「私の支配世界から逸脱《いつだつ》しようとしている敵」だというわけです。そう考えると、この怒りの目的は、おだやかではありません。

怒った夫も妻も、そのあとで「カッとなってしまった」「感情的になってしまった」といって相手に謝罪をしています。謝罪は、とても大切なことです。

多くの夫婦にとって、まずこの謝罪にも難しさを感じているのではないでしょうか。「謝ったら負け」とか、「自分自身のしてしまった行動や間違いを受けいれられない」とか、そんなふうに考える人は多いでしょう。たいていの場合、しばらくのあいだ距離をおくことで、時間が解決してくれる、そのうち何ごともなかったようになるだろうと楽観的に考えています。

しかし、これは問題の先送りにすぎません。怒りの目的が明らかにされず、くすぶったままだからです。「あのとき、あれだけ強くいっておいたのに、まだ変わらない（気づかない）のか」と、さらなる怒りの感情を温存させることになります。

ですから、謝罪をしたところで、まだ解決していません。むしろ、怒り↓謝罪↓怒り↓謝罪を繰りかえすことで、その目的が強化されるかもしれません。いつか火種に火のつくおそれをはらんでいます。それは、さらなる怒り、たとえば暴力としてあらわされるかもしれません。無視するという形になってあらわれるかもしれません。こうなると、夫婦関係は、破綻《はたん》へと向かいはじめます。

この謝罪は、怒ったことに対する謝罪、感情的になったことに対する謝罪なのです。なぜ、怒ったのか、感情的になったのか、その目的が解決されていません。裏を返せば、怒ったことで、目的について話しあうことをうやむやにしてしまったともいえます。

夫が怒った例では、妻の不服従を否定することが目的となっていますが、この目的じたいが正しいのか――夫はそれを十分に考えたうえで、謝罪しなくてはなりません。また、それについて夫婦が話しあわなくてはなりません。

妻が怒った例では、夫の妻への無関心を知らせることが目的となっていますが、これも夫婦が話しあうことでしか解決できない問題です。本当に無関心だったのか、それとも妻の思いすごしだったのか――そのことをはっきりさせなくてはなりません。ただ、妻が感情的になって謝罪するのでは、夫は「悪いのは妻だ」と、問題意識からそれたことにホッとし、むしろ優位を感じるようになるでしょう。これでは何の解決もしていません。

アドラー心理学では、感情を2つのカテゴリーに分けています。それは「結合的な」Conjunctive感情と「分離的な」Disjunctive感情です。

結合的な感情とは、対人関係において、人と人とを結びつける感情です。〝プラスの感情〟と表現してもよいかと思います。たとえば、喜びという感情は、人と人とをつなげる、もっとも明白なかけ橋となりますし、その姿勢は、結合的なものです。ほかにも、うれしさ、楽しさ、喜びなどの感情を、結合的とし、大切にしています。

それとは反対に、分離的な感情は、人と人とを分離してしまう感情です。具体的には、怒り、悲しみ、嫉妬、おそれ、不安や心配などがあらわされたものです。〝マイナスの感情〟ともいえるでしょう。

ところが、この結合的な感情と分離的な感情は、状況によって正反対に作用することがあるのです。アドラーは、つぎのようにもいいます。

[*56]「もし喜びの感情を、場違いな状況や間違ったタイミングで使用してしまったら、それは共同体感覚を否定し、共同体を破壊することになりかねない。つまり、それは分離的な影響をもたらすことになる」

たとえば、相手の失敗に対して喜ぶ場合がそうです。「ほら見ろ。オレのいうとおりにやらないからだ」といって、軽蔑しています。「夫が失職したことで私に関心が向くようになった」と考える妻の感情もそうです。これは、喜びの感情であっても、分離的な感情です。

また、怒りや不安の表現も、誰かを攻撃するためではなく、いまあるふたりの困難な状況を乗りこえるために用いられるのであれば、これは結合的な感情となりえるわけです。

使用される感情が、その状況によってどのような役割をするのかが基準なのであって、あらわされた感情それじたいに、善悪はありません。ふたりにとって、「有益で、建設的で貢献的なのか」、それとも「無益で、破壊的で非貢献的なのか」という分類だけが可能です。

感情の話をもう少し掘りさげてみましょう。

夫婦関係でもいえることですが、なかなか整理できないのが「不安」Anxietyの感情です。「あの人は本当に私のことを愛しているのか。私は本当にあの人のことを愛しているのか。このままでは破綻してしまうのではないか」というライフタスクについてです。不服従や無関心への怒りも、この不安の感情（いわゆる怒りの2次感情）と関連することが多いようです。

また、夫婦関係にかぎらず、人生を左右するような試験があるとき、自社生命をかけたプレゼンテーションがあるとき、重要な試合や発表会があるときなど、不安を感じる場面は多くあります。そして、この不安という感情にも当然、目的があります。

1、厳戒態勢――異常を察知し、警戒する

2、行動の喚起《かんき》——行動を起こし、準備を整える
3、失敗の回避

人間とは、まさに不安を感じる生きものです。人間である以上、誰しもこの感情を持つものです。そして、その多くは未来のできごとに向けられています。

不安の感情には、効能もあります。何か異常を察知したときには、それを警戒し、回避に向けた準備を整えることができます。さまざまなライフタスクへの対処をするための機会を与えてくれます。有益な手段として自分を守ることになります。

これとは逆に、無益な手段となって用いられることもあります。自尊心を守るための防衛手段として不安が使用されているのです。不安という感情が警笛を鳴らしますが、失敗へのおそれから、ライフタスクを回避し、そこから距離をとるようになります。どちらかといえば、こちらのほうが多いかもしれません。

すると、「妻が私に不服従だ」「夫が私に無関心だ」——こういった異常事態を目のあたりにしたことで、不安の感情を持ち、これから回避するために怒りの感情を用いたとも考

えられます。

もし、不安の感情を持ったときは、その奥にある目的にこそ注目すべきではないでしょうか。

・それを異常と考えるのには、何かあなたの目的がありますか。
・それがもとになって、あなたはどんなことが起こるだろうと考えていますか。
・あなた自身が失敗するということについて、どう考えていますか。

アドラーは、不安から来るおそれの感情と、恐怖の感情とをはっきりと区別しています。恐怖というのは、危険を察したときにいだくものです。それはあくまで外的な要因であって、直接的に感知しています。しかし、不安へのおそれは、内的な要因が主体となっていて、多くの場合、その要因が何であるかを認識することができません。

不安の感情とそれにいだくおそれの感情は、個人の勇気の不足に由来するものです。つまり、つぎのような思考に支配されているのです。

・いまの私は、ライフタスクに対処するには不十分ではないか。
・そのためによくないことが起こってしまうのではないか。
・失敗してしまうのではないか。

人間にとって、これらの感情は、行動を起こすためのエネルギーであり、原動力でもあるのです。何か行動を起こそうとすれば、いつでも何らかの感情を持つことでしょう。

そして、この感情には目的があって、つねに目的の対象となる相手の存在があります。その相手がパートナーであるとき、彼（彼女）に怒りの感情を向けています。しかしそれと同時に、その相手が、ときには自分自身であることもあるのです。怒りの感情と不安の感情は、表裏一体のものです。

人はつねに、ある目標に向かって生きています。そして、すべての人間のあらゆる行動には、目的があります。ここでは、とくに感情のことを見てきましたが、それは心理的な運動全般に当てはまります。

アドラーが、「人は、目標や目的なしでは、思考、感情、意思、行動が機能しない」というように、目的論は、対人関係にとって、自分にとって、もっとも基本となるものです。

そして、アドラー心理学では、いわゆる〝神経症〟にも目的があると考えています。それは、病気ではありません。私たち人間というものは、レベルの差こそあれ、誰しも神経症的であるのです。

私たちの神経症的行動には、要求されたライフタスクからの逃避手段として、課題にとりくむことができない自分自身を正当化するための、もっともらしい理由が隠されています。すべての症状は、自己防衛の手段、自尊心の保護や言いわけとして使用されているのですが、当人はそれに気づくことがありません。

一般に症状ともみなせる、こういった手段や表現をどうとらえればよいのでしょうか。たんなる反応行動として、その目的を見ることもできます。不安は、何らかの危険や警戒すべきものを察知したときの対処的な反応である――とする見方です。

もうひとつは、アドラー心理学のカウンセリングでもおこなわれる、「なぜクライアントはその症状を使用しているのか」という見方です。このときカウンセラーは、行動の目的、隠された意図、その目的を達成するための手段を理解することにつとめます。そして、その症状が誰に、あるいは何に向けられているのかを明らかにすることで、クライアントは症状から解放されることができると考えるのです。

「私は自分の心理学をシンプルにするために40年という年月を要した。よりシンプルにするのであれば、〝すべての神経症は、虚栄心にある〟という必要があるかもしれない。しかし、それさえも理解されない可能性があるだろう」[*57]——アドラー

終章　アドラー心理学と私

それまでの私

子供のころの私は、外で遊びまわってばかりでした。学校での活躍の場といえば、体育の時間や運動会であり、勉強は得意ではありませんでした。学科の成績も平均でした。

その一方で、おとなしく、親がいうには、あまり手のかからない子供でした。そして、涙腺が弱いというか、からかわれるとすぐに泣いてしまうような子供でした。いま考えると、泣くという行為によって、親や先生、大人たちからの援助や注目を得たかったのかもしれません。

そのころのスーパーヒーローは、タイガーマスクとジャッキー・チェンでした。一大ブームをまきおこしていたので、同世代の男子はみんなそうだと思いますが、中継や映画を何度も見ては、プロレスごっこやカンフーごっこにあけくれていました。そういった環境の中で、「身体的に強く、ユーモアを持っているのが理想の男だ」というイメージをいだくようになっていました。

ところが、中学に進むとどういうわけか、サッカー部に入ります。仲のよかった友人につれられて入部したのです。ですから、特別サッカーが好きでもなく、やりたかったわけでもなく、熱が入りませんでした。

学業では、英語と数学が得意で、国語と社会が苦手でした。こんな私が、いま文章を書いているのですから、人生というのは不思議なものです。そのときは、得意な科目＝興味のある科目、苦手な科目＝興味のない科目という位置づけで、興味がないと、努力をする気も起こりませんでした。

クラブは、空手道クラブに入ります。やはりどこかで身体的な強さを追求しようとしたのでしょう。健康優良児として育っていたにもかかわらず、身体的な弱さを感じていました。なぜかというと、私には、たいへん優秀な姉がいるからです。姉は、勉強もスポーツもできる文句のない優等生でした。両親からいつもホメられ、私との比較もされていました。

いまでこそ心から尊敬できる姉ですが、そのころの私は、彼女に「劣等感」と競争意識を持っていました。「勉強では勝ち目がないが、身体的に超えることは可能かもしれない」――そう考えていたのかもしれません。

高校に入ると、ほかの生徒と同じように学業に専念します。とくに部活にも属さず、帰宅部の3年間でした。勉強の甲斐《かい》あって、英語と数学では学年で一番をとることもありました。しかし、どこか充実したものが感じられない時期でした。

このころからボクシングに興味を持ちはじめます。放映された試合はすべて録画し、何度も繰りかえし観ては研究していました。大学受験の準備をしながら、高校を卒業したらジムに通うことを夢見ていました。

私には、団体競技には向いていないという自覚がありました。団体競技は、勝ったときはいいのですが、負けたときには責任のなすり合いになることが多く、それに耐えられませんでした。個人競技では、負けたときは自分の責任ですし、勝てば周囲のサポートに感謝できると考えていました。スポーツとは無関係のところで起こる争いごとが嫌いだったのです。

もっともこれは個人的な感覚にすぎません。私自身が失敗したときの、周囲の視線に耐えられなかったというべきでしょう。

人生の挫折と貢献

最初の大学受験は失敗しました。1年浪人をすることになりました。その心の空白を埋めるかのように、私は予備校に通うかたわら、ジムに顔を出すようになっていました。予備校の授業はおろそかになります。大学進学に対する熱意もどんどん薄れていきました。受験勉強はまったく進まず、親たちはずいぶんやきもきしていたでしょう。

結局、ボクシング部のある大学に進むということで、どうにかやる気を見いだし、拓《たく》殖《しょく》短期大学へ入学、のちに拓殖大学に編入することになりました。拓殖大学ボクシング部は、日本の大学スポーツで1、2を争うほどの強豪です。私の進学の目的は、学業ではなく、ボクシングであり、この厳しい環境の中で切《せっ》磋《さ》琢《たく》磨《ま》することでした。

しかし、そのあこがれは、すぐさま打ち砕《くだ》かれることになります。1日練習に参加したところで、自分自身の技術の低さと体力のなさを痛感したのです。そこで、前に通っていたジムに戻り、基礎練習から励みました。その後、アマチュアのオープン戦に出場し、勝利をおさめることができましたが、視力の低下により、やめざるをえなくなりました。人生最初の大きな挫折でした。

ただし、大学のボクシング部では、かけがえのない友人を得ました。そのまま部に所属していた彼とは、朝までボクシング談義をしていました。自分自身が強くなることではなく、現役でやっている友人のために助けになれたらという思いも芽生《めば》えていました。

その友人はいま、拓殖大学ボクシング部のヘッドコーチをしています。アメリカから帰国した私は、彼と運命的な再会をはたし、メンタルコーチの要請を受けます。こうして、予想もしなかった形で、ふたたび拓大ボクシング部にかかわることになったのです。

すると、選手ひとりひとりが成長していく姿を見られることに、このうえない喜びを感じられるようになりました。私がそれまで持っていた挫折感は、アドラー心理学でいうところの「貢献」によって「克服」されていくでしょう。

大学時代に話を戻しましょう。この時期の私は、まだ迷っていました。そのとき学んでいた学問には、まったく興味を持てずにいました。

ちょうど実家が新しく不動産を購入するということもあり、民法や宅地建物取引業法の勉強をしていました。こちらの学問には興味深くとりくむことができました。それなら、最初から法学部に進んでおけばよかったのですが、うまくいかないものです。高校3年生の段階であるていど将来を決めることは、たいへんなことだと思います。

卒業後も、順風満帆《じゅんぷうまんぱん》というわけにはいきませんでした。就職は決まらず、しばらく地元のスーパーで働いていました。その後、在学中に宅地建物取引主任者の資格をとっていたこともあって、事業者金融の会社に就職することになりました。

ここで、社会の厳しい現実と2度目の大きな挫折を味わいます。日々の営業の仕事の厳しさに、またもや自尊心は打ち砕かれました。

しだいに会社の事業方針にも違和感を覚えるようになります。世の中を知らない私は入社するまで、事業者金融というものが、困っている中小企業の支援のために誠実に向きあう業務であるとばかり思いこんでいました。ところが、支援した会社の8割は1年以内に倒産していきます。この現実を目《ま》のあたりにして、すっかり落ちこみました。

もっとも、そういった逆境の中で、自分自身ができる範囲の努力をたんたんとおこなっていくという選択はあったはずです。しかし私には、それを実践する「勇気」が持てませんでした。勇気をくじかれたまま、会社をやめることになりました。数年後には、その会社も倒産していました。

2つの挫折は、いまの私に大きな経験を与えてくれたのだと思います。手をさしのべてくれたのは、家族でした。姉は当時、横須賀の米軍基地で勤務しており、英語が飛びかう中で仕事をしていました。そんなたくましい姉の姿に支えられました。また、姉の恋人（いまの旦那さん）がすばらしい人で、彼にはたいへん目をかけてもらい、勇気を与えられました。

私も同じ基地で働くことになりました。ここで英語を学んだことが、のちの人生でおおいに役立ちます。また、いくつもの仕事をかけもちでおこない、ボランティアにも積極的に参加しました。人生が開けたというわけではありませんでしたが、これまでの閉塞《へいそく》した環境とは大きく変わったことで、あらためていろいろなことを考えるようになりました。

それは、「自分とは何か」という問題です。私がこの世に生きることの意味や価値を問いなおすようになったのです。

本場で学ぶ

人生の意味を考えるようになって、カウンセリングの世界に身を投じるようになりました。その結果、岩井先生と出会うこともできたわけです。ヒューマン・ギルドでの講座を受講することになり、私は進んでアドラー心理学の理解を深めていきました。

ある日、岩井先生の師でもある、ジョセフ・ペルグリーノ博士が来日し、ワークショップを開催されました。岩井先生から博士を紹介していただき、彼からアメリカにアドラー心理学を専門に学ぶ大学院があることを聞かされます。

アドラー心理学大学院は、シカゴとミネソタの2カ所にあります。シカゴの大学院には博士課程がありますが、ミネソタの大学院は、カウンセリング心理の修士のプログラムのみが存在し、専門大学院といったほうがわかりやすいでしょう。

ペルグリーノ博士の紹介で、2004年に渡米し、シカゴの大学院を見学することになりました。当時のシカゴの大学院には日本人の教授もいて、彼女の話をじかに聞くことができました。そのプログラムや、現在の、そして未来のアドラー心理学についてレベルの高い話を聞かせていただくと、シカゴで学びたいという気持ちはいっそう高まっていきました。また、日本のコーチングの第一人者である平本《ひらもと》あきおさんは、ここの卒業生です。

彼は、私にとってあこがれの存在でした。

ところが、私には大学院入学に必要な心理学の単位が足りていませんでした。12単位が必要でしたが、9単位足りませんでした。ただ幸いなことに、米軍基地で働いていたので、その中にある大学で足りない単位を取得することができました。このときほど、自分がおかれた環境に感謝したことはありません。

どうにかスタートラインに立てました。岩井先生、ペルグリーノ博士、そして横浜の師でもある鶴田恵美子《つるたえみこ》先生からの推薦状をいただくと、半分受かったような気になって、シカゴとミネソタの両大学院に書類を提出しました。

用意していただいたサポートは万全です。あとは、私自身が空《あ》いたゴールにシュートを打ちこむだけですが、そんなに甘くありませんでした。

シカゴの大学院は、留学生を積極的に受けいれており、書類選考は通過しました。残るは、電話による面接試験です。ところが、極度の緊張が私を襲います。電話でのネイティブとの英会話の難しさに、私は何も答えられず、しどろもどろのまま面接は終了します。結果は不合格でした。

ペルグリーノ博士に結果と失意を話したところ、博士は、もうひとつのミネソタのほうに私のことを強く推薦してくださいました。当時のミネソタの大学院は、留学生の受けいれをおこなっておらず、大学院側にとっても私を入学させることは、ひとつのチャレンジであったそうです。こういった厳しい状況をあとになって聞きました。

ミネソタは書類選考のみだったので、入学許可がおりました。ですが、学校として留学生を受けいれるための登録をしていなかったため、入学許可から約3カ月後にようやくI-20（入学許可証）が送られてきたのでした。こうして、ミネソタ・アドラー心理学大学院初の留学生となることができました。これは、博士の熱意があってこそのものです。

留学の準備が整い、ミネソタに飛んだのが、２００８年8月です。出発前は、うれしさのあまり興奮していましたが、そのうち、英語でおこなわれる授業についていけるのか、たったひとりの留学生としてやっていけるのか――、不安やプレッシャーで押しつぶされそうになりました。

さらに、アメリカで生活していけるのかという問題もありました。ミネソタの大学院は、留学生を受けいれる体制ができていなかったこともあって、ほかの大学のような寮がないのです。生活の拠点を自分自身で探さなくてはなりません。当初はホテル暮らしから始めようと思っていましたが、出発の1週間前に何気なくステイ先を調べていますと、ひとつの家族に行きあたります。

それが、帰国するまでの6年間、お世話になったスキャンロンさん一家でした。スキャンロン家は、旦那さんがアメリカ人で、奥さんが日本人でした。この夫婦と奥さんのお母さんの3人家族でした。アメリカの祝日であるサンクス・ギビングやクリスマスはもちろん、お正月もいっしょに祝ってくださいました。そのときには、おせち料理もふるまわれ、日々の生活で困ったことがあれば、いつも力になってくださいました。まさにアメリカの家族であり、いくら感謝しても、感謝はつきません。

ミネソタ・アドラー心理学大学院

ミネソタの大学院は専門大学院なのでそんなに大きくはありません。生徒数も在籍を合わせると400人から500人といったところでした。そして、ミネソタの大学院は、シカゴのそれとは違って、社会人用の大学院でした。

したがって夜間と週末にクラスがおこなわれます。平日の夜間に1回、週末の土日曜のどちらかに1日クラスがありました。1コマが3時間30分もあり、週末のクラスでは朝から1日かけて2コマ分がおこなわれます。学期もクォーター制をさらに分けた形式で、ひとつのクラスが約6週間で終わるのです。短期集中型でした。

私は留学生なので、学校外では仕事ができません。この形式は、私に時間的な余裕をもたらしました。とはいうものの、テキストのリーディングはもちろん、さまざまな課題、論文提出の期限に追われており、慣れない生活もプラスされ、つねに忙しくしていた記憶があります。

当時、留学生は私ひとりでしたし、日本人も私だけでした。黙っていても目立ってしまい、学校じゅうのインストラクターやスタッフ、そしてクラスメートから「どうしてミネソタまで来たの?」とよく聞かれたものです。

「すでに日本でアドラー心理学を学んでいた。もっと学びたくて本場にやってきた」というと、しばしば驚かれました。私のような目的を持った学生は珍しく、アドラーやアドラー心理学のことをまったく知らないで入学する学生も多かったのです。

この大学院のプログラムは、ミネソタ州での各カウンセラーのライセンス取得のための条件をもとに組まれており、多くの学生はこのライセンスを取得する目的で入学してきます。

各種のライセンス取得に対応したプログラム構成ですから、多様です。メンタルヘルスカウンセリング、結婚・家族カウンセリング、スクールカウンセリング、アートセラピー、それから私の在学中にも、キャリアカウンセリングと共起障害が創設されました。また、認定のプログラムには、ライフコーチングや育児コーチングなどがあります。私はメンタルヘルスカウンセリングのコースをとりました。

カウンセラーをめざす人は、人間関係に興味がある人が多く、もとより人当たりのよい人が多いのです。それでもおもしろいことに、入学して最初のクラスである「アドラー心理学の概念と育児」を学ぶと、早々に変化の見られる学生が出てきます。アドラー心理学でいえば、他者に興味や関心を持ち、自然に「勇気づけ」をおこなうことができるようになります。

たとえば、校内ですれ違う学生どうしが挨拶《あいさつ》をするようなことです。アメリカでは、まったく見知らぬ相手でも軽く会釈をしますし、エレベーターに同乗すれば平気で声をかけます。その慣習にしたがって挨拶をしていたのですが、まったく無反応の学生がいました。ですが、クラスが進んでいくうちにその学生から挨拶をしてくれ、やがて私個人のことや日本のことなどを聞いてくるようになりました。そして、遠く異国の地からやってきた私を気づかってくれました。

大学院で学んだこと

クラスには、アドラー心理学学習の核でもあるライフスタイルのクラスをはじめ、カウンセリング技法、面談技法、グループ・カウンセリング、異文化カウンセリング、家族システム論、アセスメント、職業倫理、異常心理学、発達心理学など、そして各コースの専門クラスがあります。そして各クラスでは、かならずアドラー心理学の見解から話しあいます。

たとえば、アドラーは、異文化カウンセリングについてはあまり言及していません。そこで学生たちは、文化の違うクライアントに対して、アドラー心理学をもとにどのようにアプローチをすればよいのかを話しあうのです。

また異常心理学においては、ＤＳＭ－Ⅳ（アメリカ精神医学会が発行する「精神障害の診断と統計マニュアル」の第4版。現在はＤＳＭ－Ｖ）が基本となります。

ところがアドラー心理学は、もともと人間を分類することを好みません。症状といわれるものにも、その人の目的があり、そしてたいていの場合、勇気をくじかれた状態から起こるものであるという基本概念を持っています。とはいえＤＳＭは、使い方によってはとてもよい資料でもあり、ガイドラインとして活用することができます。

それからプログラムには、７００時間のインターンシップが組みこまれています。私は、青少年用のシェルターとバイオフィードバックのクリニックでインターンを選択しました。

それぞれのクラスの受講後には、ライフコーチングの認定プログラムに進み、そこでも50時間の実習が要求されます。その後、私は以前から興味を持っていた、キャリアカウンセリングの専門クラスを4つとりました。このコースでも２００時間の実習が必要とされ、大学院のキャリアセンターでインターンをすることになりました。

またプログラムの一環で、個人とグループでのダイダクティック、いわゆるカウンセリングを受けることが義務づけられています。自分自身がクライアントとなり、現在かかえる悩みや問題を話しあい、「ライフスタイル」を明らかにすることで、自分への深い気づきや発見、そして成長がうながされます。

このように、理論のみならず、実習がたいへん重んじられています。

個人のダイダクティックでは、ミム・ピュー先生から直接指導を受けることができました。ミネソタの大学院の創設者のひとりでもあるピュー先生は、ルドルフ・ドライカースの生徒です。

ピュー先生には、ICASSIといわれるアドラー心理学サマースクールでともに働いていたドライカースの人柄や仕事ぶりなど、興味深い話をお聞きするだけでなく、私個人の相談にも乗っていただきました。先生は2014年9月8日に88歳という年齢で亡くなりました。私にとって、その最後の時間をともに過ごすことができたのは、たいへん貴重な経験でした。

6年におよぶ留学生活は忙しく、月日がたつのを忘れるほどでした。学生会のメンバーにもなり、通常は労働が禁止されている留学生でしたが、大学院側の配慮により、メディアセンター（図書館）で働くことを許可されました。そのおかげで、アドラー心理学関連の本や文献などを片っぱしから読むことができました。大学院生として、メディアセンタースタッフとして、またキャリアセンタースタッフとして、ほとんど毎日といっていいほど学校に足を運んでいました。

この6年間は、私のこれからの長い人生にとってかけがえのないものとなるでしょう。貴重な時間を与えてくださった国内外の先生方には感謝の言葉もありません。

謝辞

最初に、本書の執筆にあたり、監修をしていただいた岩井俊憲先生に厚くお礼を申し上げます。岩井先生は、私がアドラー心理学にふれる機会を与えてくださいました。また、今回の執筆の機会をもうけていただき、原稿を制作する際にも、細かく指導してくださいました。私のアドラー心理学に対する解釈の相違を検討し、できるだけ正確なアドラー心理学を世に伝えるために、熱心で有意義なご指導をいただいたことに感謝いたします。

また、今回が初出版ということもあり、祥伝社新書編集部の担当編集者には十分な計らいをしていただきました。苦戦する私に対して、ミーティングを何度も重ね、ともに考えをまとめる機会を持ったり、別の見方からのアイデアを与えたりしてくれたのです。彼の根気強さと努力によって、なんとか出版にこぎつけることができました。私自身も、かつてない産みの苦しみを味わいましたが、忘れられないよき思い出となるでしょう。

ミネソタ・アドラー心理学大学院の学長のダン・ホーガン、創設者のひとり、スー・ブローカ、ジョン・リードン、マリーナ・ブルーシュテインの諸先生方には、つねにアドラー心理学における理論や実践についての情報をいただきました。故ミム・ピュー先生と故ウォルツ・ベトナー先生は、私の生涯に残る記憶を与えてくださいました。本当にありがとうございました。安らかにお眠りください。

そして、何よりも支えになってくれたのは家族の存在です。この世に生を受けてから現在まで、そして、ミネソタ・アドラー心理学大学院への留学をふくめ、つねに温かく見守ってくれた両親と姉には、あらためて感謝いたします。

最後に、私の好きなアドラーの言葉で終わりにしたいと思います。

「勇気、楽観的態度、共通感覚、そして、この地球上で生活するための自分の居場所をも持つことは、人生で直面する利益においてだけでなく、不利益を前にした場合においても、安定し、毅然《きぜん》とした態度で向きあうことを可能にするだろう」——アドラー

梶野《かじの》　真《まこと》

引用先リスト

＊1　Adler, A. (1964). *The Individual Psychology of Alfred Adler: A systematic presentation in selections from his writings.* (H.L. Ansbacher & R. R. Ansbacher, Eds.). New York: Harper Torchbooks, (Original work published 1956), p.135

＊2　Adler, A. (1964). *The Individual Psychology of Alfred Adler: A systematic presentation in selections from his writings.* (H.L. Ansbacher & R. R. Ansbacher, Eds.). New York: Harper Torchbooks, (Original work published 1956), p.135

＊3　Dreikurs, R. (1950). *Fundamentals of Adlerian psychology.* Chicago, IL: Alfred Adler Institute of Chicago p.6

＊4　Carlson, J., Watts, R. E., & Maniacci, M. (2005). *Adlerian therapy: Theory and practice.* Washington, DC: American Psychological Association, p.139

＊5　Adler, A. (1929). *The science of living.* New York: Greenburg, p.56

＊6　Adler. A. (1964). *The Individual Psychology of Alfred Adler: A systematic presentation in selections from his writings.* (H.L. Ansbacher & R. R. Ansbacher, Eds.). New York: Harper Torchbooks. (Original work published 1956), p.177

＊7　フランクルの著書Man's Search for Meaningからフランクル自身が言い換えた。

＊8　Adler, A. (1973). *The practice and theory of Individual Psychology.* Totowa, New Jersey: Littlefield, Adams &

Co.

＊9 Adler, A. (1973). *The practice and theory of Individual Psychology.* Totowa, New Jersey: Littlefield, Adams & Co, p.116

＊10 Mosak. H. H. (1987). *Ha ha and aha: The role of humor in psychotherapy.* New York, NY: Routledge, p.86.

＊11 Mosak. H. H. (1987). *Ha ha and aha: The role of humor in psychotherapy.* New York, NY: Routledge, p.86.

＊12 Adler, A. (1964). *Social interest: A challenge to mankind* (J. Linton & R.Vaughan, Trans.). New York, NY: Capricorn, p.72-73

＊13 Adler, A. (1964). *The Individual Psychology of Alfred Adler: A systematic presentation in selections from his writings.* (H.L. Ansbacher & R. R. Ansbacher, Eds.). New York: Harper Torchbooks, (Original work published 1956), p.107

＊14 Adler, A. (1964). *The Individual Psychology of Alfred Adler: A systematic presentation in selections from his writings.* (H.L. Ansbacher & R. R. Ansbacher, Eds.). New York: Harper Torchbooks, (Original work published 1956), p.208

＊15 Terner, J. & Pew, W. L. (1978). *The courage to be imperfect: The life and work of Rudolf Dreikurs.* New York: Hawthorn Books, Inc, p.289

＊16 Adler, A. (1964). *The Individual Psychology of Alfred Adler: A systematic presentation in selections from his writings*. (H.L. Ansbacher & R. R. Ansbacher, Eds.). New York: Harper Torchbooks, (Original work published 1956), p.297

*17 Adler, A. (1964). *The Individual Psychology of Alfred Adler: A systematic presentation in selections from his writings*. (H.L. Ansbacher & R. R. Ansbacher, Eds.). New York: Harper Torchbooks, (Original work published 1956), p.132

*18 Adler, A. (1964). *The Individual Psychology of Alfred Adler: A systematic presentation in selections from his writings*. (H.L. Ansbacher & R. R. Ansbacher, Eds.). New York: Harper Torchbooks. (Original work published 1956), p.132

*19 Adler, A. (1964). *The Individual Psychology of Alfred Adler: A systematic presentation in selections from his writings*. (H.L. Ansbacher & R. R. Ansbacher, Eds.). New York: Harper Torchbooks. (Original work published 1956), p.132

*20 Kopp, R. R. (Mar. 1997). Healing community: An Adlerian approach. *Individual Psychology*, *53*(1), 23-32′ p.24

*21 Adler, A. (1964). *The Individual Psychology of Alfred Adler: A systematic presentation in selections from his writings*. (H.L. Ansbacher & R. R. Ansbacher, Eds.). New York: Harper Torchbooks. (Original work published 1956), p.154

*22 Ferguson, E. D. (Spring, 2000). Individual Psychology is ahead of its time. *The Journal of Individual Psychology*, *56*(1), 14-20, p.17

*23 Mosak, H. H.(1979). *Adlerian Psychotherapy*. In R.J. Corsini (Ed.) Current Psychotherapies (2nd Edition). Itasca, IL: F.E Peacock, p.52

*24 Mosak, H. H. (1979). *Adlerian Psychotherapy*. In R.J. Corsini (Ed.) Current Psychotherapies (2nd ed.). Itasca, IL: F.E Peacock, p.59

25 Adler, A. (1929). The science of living*. New York: Greenburg, p.131

*26 Dreikurs, R. (1983). *Social equality: The challenge of today*. Chicago, IL: Alfred Adler Institute of Chicago, p.20

*27 Adler, A. (1964). *Problem of Neirosis*. (P. Mairet, Ed.). New York: Harper & Row. (Original work published 1929), p.24

*28 Adler, A. (1964). *The Individual Psychology of Alfred Adler: A systematic presentation in selections from his writings*. (H.L. Ansbacher & R. R. Ansbacher, Eds.). New York: Harper Torchbooks. (Original work published 1956), p.342

*29 Dreikurs, R. (1967). *Psychodynamics, psychotherapy, & counseling*. Chicago: Alfred Adler Institute, p.35

*30 Adler, A. (1964). *The Individual Psychology of Alfred Adler: A systematic presentation in selections from his* *writings*. (H.L. Ansbacher & R. R. Ansbacher, Eds.). New York: Harper Torchbooks. (Original work published 1956), p.342

＊31 Adler, A. (1982). *The pattern of life* (2nd ed.). Chicago, Alfred Adler Institute, p. 206

＊32 May, R. (1975). *The courage to create*. New York: Norton, p.13

＊33 Adler, A. (1980). *What life should mean to you*. (A. Porter, Ed.). New York: Perigee/G. P. Putnam. (Original work published 1931), p.232

＊34 Adler, A. (1964). *The Individual Psychology of Alfred Adler: A systematic presentation in selections from his writings*. (H.L. Ansbacher & R. R. Ansbacher, Eds.). New York: Harper Torchbooks. (Original work published 1956), p.337

＊35 Shulman, B. H. (1973). *Contributions to Individual Psychology*. Chicago: Alfred Adler Institute, p.115

＊36 Shulman, B. H. (1977). Encouraging the pessimist: a confronting technique. *The Individual Psychologist. 14* (1) 7-9, p.7

＊37 Dreikurs, R. (1983). *Social equality: The challenge of today*. Chicago, IL: Alfred Adler Institute of Chicago, p.54

＊38 Adler, A. (1982). *Cooperation between the sexes: Writings on women and men, love and marriage, and sexuality*. (H. L. Ansbacher & R. R. Ansbacher, Eds.). New York: Norton. (Original work published 1978), p.124

＊39 Griffith, J., & Powers, R. L. (2007). *The lexicon of Individual psychology: 106 terms associated with the individual psychology of Alfred Adler* (2nd ed.). Port Townsend, WA: Adlerian Psychology Associates, p.67

＊40 Adler, K. (1994). Socialist influences on Adlerian Psychology. *The Journal of Individual Psychology*, *50*(2), 131-141, p.139

＊41 Griffith, J., & Powers, R. L. (2012). *The key to psychotherapy: Understanding the self-created individual.* Port Townsend, WA: Adlerian Psychology Associates, p.195-196

＊42 Adler, A. (1964). *The Individual Psychology of Alfred Adler: A systematic presentation in selections from his writings.* (H.L. Ansbacher & R. R. Ansbacher, Eds.). New York: Harper Torchbooks. (Original work published 1956), p.377

＊43 Dreikurs, R. (1960). *Group psychotherapy and group approaches: Collected papers.* Chicago: Alfred Adler Institute, p.84

＊44 Dreikurs, R. & Soltz., V. (1964). *Children: the Challenge.* New York: Hawthorn Books, Inc, p.257

＊45 Terner, J. & Pew, W.L (1978). *The courage to be imperfect: The life and work of Rudolph Dreikurs.* New York: Hawthorn Books, p.270

＊46 Dreikurs, R. & Soltz., V. (1964). *Children: the Challenge.* New York: Hawthorn Books, Inc, p.38-39

＊47 Adler, A. (1964). *The Individual Psychology of Alfred Adler: A systematic presentation in selections from his writings*. (H.L. Ansbacher & R. R. Ansbacher, Eds.). New York: Harper Torchbooks. (Original work published 1956)

＊48 Adler, A (1963). *The problem child: The life style of the difficult child as analyzed in specific cases*. (G. Daniels, Trans.). New York: Capricorn. (Original work published 1930)

＊49 Dreikurs, R. & Soltz., V. (1964). *Children: the Challenge*. New York: Hawthorn Books, Inc, p.76

＊50 Dreikurs, R. & Soltz., V. (1964). *Children: the Challenge*. New York: Hawthorn Books, Inc, p.79

＊51 Carlson, J. (2008, Spr). The brain-mind-relationship connection: An interview with Daniel J. Siegal. *The Journal of Individual Psychology*, *64*(1), 67–82.

＊52 Adler, A. (1978). *Cooperation between the sexes: Writings on women and men, love and marriage, and sexuality*. (H. L. Ansbacher & R. R. Ansbacher, Eds.). New York: Norton, p.321

＊53 Griffith, J., & Powers, R. L. (2007). *The lexicon of Individual psychology: 106 terms associated with the individual psychology of Alfred Adler* (2nd ed.). Port Townsend, WA: Adlerian Psychology Associates, p.65

＊54 Adler, A. (1964). *The Individual Psychology of Alfred Adler: A systematic presentation in selections from his writings*. (H. L. Ansbacher & R. R. Ansbacher, Eds). New York, NY: Harper Perennial, p.432

＊55 Carlson, J., & Dinkmeyer, D., Jr. (1999). Couple Therapy In R. E. Watts & J. Carlson (Eds.), *Interventions and strategies in counseling and psychotherapy* (pp. 87-99). New York: Routledge, p.89

＊56 Adler, A. (1954). *Understanding human nature.* (W. B. Wolfe, Trans.). New York: Fawcett. (Original work published 1927), p.217

＊57 Terner, J. & Pew, W.L (1978). *The courage to be imperfect: The life and work of Rudolph Dreikurs.* New York: Hawthorn Books, p.86

切りとり線

★読者のみなさまにお願い

この本をお読みになって、どんな感想をお持ちでしょうか。祥伝社のホームページから書評をお送りいただけたら、ありがたく存じます。今後の企画の参考にさせていただきます。また、次ページの原稿用紙を切り取り、左記まで郵送していただいても結構です。

お寄せいただいた書評は、ご了解のうえ新聞・雑誌などを通じて紹介させていただくこともあります。採用の場合は、特製図書カードを差しあげます。

なお、ご記入いただいたお名前、ご住所、ご連絡先等は、書評紹介の事前了解、謝礼のお届け以外の目的で利用することはありません。また、それらの情報を6カ月を越えて保管することもありません。

〒101-8701（お手紙は郵便番号だけで届きます）
祥伝社新書編集部
電話03（3265）2310
祥伝社ホームページ　http://www.shodensha.co.jp/bookreview/

★本書の購買動機（新聞名か雑誌名、あるいは○をつけてください）

＿＿＿＿新聞の広告を見て	＿＿＿＿誌の広告を見て	＿＿＿＿新聞の書評を見て	＿＿＿＿誌の書評を見て	書店で見かけて	知人のすすめで

★100字書評……アドラー心理学を深く知る29のキーワード

名前

住所

年齢

職業

梶野真　かじの・まこと

1972年、神奈川県横浜市生まれ。拓殖大学商学部卒業。ミネソタ・アドラー心理学大学院（Adler Graduate School）にて、カウンセリング心理学修士課程修了。2014年7月に帰国。日本支援助言士協会講師、拓殖大学ボクシング部メンタルコーチ。専門分野：アドラー心理学、心理カウンセリング、コーチング、キャリア。

岩井俊憲　いわい・としのり

1947年、栃木県生まれ。アドラー心理学カウンセリング指導者。上級教育カウンセラー。早稲田大学卒業後、外資系企業勤務を経て、有限会社 ヒューマン・ギルドを設立。代表取締役。現在に至る。ロングセラーの『勇気づけの心理学』により、アドラー心理学の一般的な認知に貢献する。著書はほかに、『マンガでやさしくわかるアドラー心理学』『人生が大きく変わる　アドラー心理学入門』『人間関係が楽になる アドラーの教え』などがある。

アドラー心理学《しんりがく》を深《ふか》く知《し》る29のキーワード

梶《かじ》野《の》真《まこと》／著　岩《いわ》井《い》俊憲《としのり》／監修

2015年 3 月10日　初版第 1 刷発行

発行者……………竹内和芳
発行所……………祥伝社《しょうでんしゃ》
〒101-8701　東京都千代田区神田神保町3-3
電話　03(3265)2081(販売部)
電話　03(3265)2310(編集部)
電話　03(3265)3622(業務部)
ホームページ　http://www.shodensha.co.jp/

装丁者……………盛川和洋
印刷所……………萩原印刷
製本所……………ナショナル製本

Printed in Japan　ISBN978-4-396-11403-9　C0210